Los
5 niveles
del
Taijiquan

Para poder dominar el Taijiquan debes comenzar con los pasos fundamentales, trabajar sistemáticamente para avanzar en sus niveles, lentamente construir tus conocimientos y tu técnica en la medida que progresas. Este libro explica los cinco niveles del Taijiquan desde un completo principiante hasta un practicante de altísimo nivel.

Presentando una traducción palabra por palabra de los textos en chino original del Gran Maestro Chen Xiaowang, el Maestro Jan Silberstorff entrega una guía detallada a través de cada uno de estos cinco niveles. Los lectores aprenderán cómo evaluar sus actuales habilidades del Taijiquan e identificar exactamente qué necesitan para llegar al siguiente nivel y alcanzar el objetivo más alto, la perfección del Taiji, o alcanzar un completo estado del ser.

Es un accesible y motivacional libro para todos los estudiantes y practicantes de Taijiquan así como para cualquiera que busque obtener un entendimiento más profundo del antiguo arte del Taijiquan.

Gran Maestro Chen Xiaowang

Los 5 niveles del Taijiquan

Comentarios del Maestro Jan Silberstorff

LOTUS PRESS

Gran Maestro Chen Xiaowang: Los 5 niveles del Taijiquan
Comentarios del Maestro Jan Silberstorff

Copyright por Lotus-Press, 2006
Diseño: Andreas Seebeck
Traducción al español Marcos Oyarzun
Lectorado: Katja Uhlisch

www.lotus-press.com

ISBN 978-3-945430-58-3

五屆功夫

Los cinco niveles del Gong Fu
Gran Maestro Chen Xiaowang

INDICE

PREFACIO DE LA EDICIÓN EN CASTELLANO

Son casi 15 años en la práctica del Taijiquan. Hace aproximadamente 6 años comencé en el Estilo Chen y hace 3 años tuve la oportunidad de conocer y practicar por primera vez junto al Maestro Jan Silberstorff y ser su traductor durante los seminarios que realizó en Santiago de Chile.

En este camino he comprendido que esta disciplina no solo implica constancia en la práctica de sus movimientos, sino la comprensión acabada de los principios que existen tras cada uno de estos. Es por ello que el trabajo del Gran Maestro Chen Xiaowang, hace ya varias décadas, de acercar a Occidente el lenguaje en el cual el Taijiquan es enseñado, cobra relevancia.

Lamentablemente no son muchos los libros en castellano que nos permiten a los hispanoparlantes el acercarnos a este tipo de material y por eso me pareció importante asumir el desafío de traducir este libro.

Los textos originales del Gran Maestro Chen Xiaowang

están llenos de profundad y sabiduría. La traducción y comentarios de estos por el Maestro Jan Silberstorff nos acercan a la comprensión del conocimiento chino de esta disciplina en un lenguaje sencillo que no deja espacio a dudas.

Finalmente agradezco profundamente la confianza que me entregó el Maestro Jan Silberstorff para realizar esta tarea y la labor que desarrolló Katja Uhlisch en la corrección permanente de este trabajo. Espero sinceramente que esta edición sirva de motivación y complemento en el camino de todos los practicantes hispanoparlantes del Taijiquan.

Cordialmente,
Marcos Oyarzun
Traductor de la edición en castellano.

PREFACIO DE LA EDICIÓN ALEMANA

Es un especial privilegio y alegría el recomendar con entusiasmo este libro a Ud.

El texto chino original de Gran Maestro Chen Xiaowang tiene una enorme profundidad que no es fácilmente reconocible a primera vista. Es una herramienta motivacional hermosa para la práctica diaria y el entendimiento del Gong Fu en general, y Gong Fu – Taijiquan en particular.

La traducción de este artículo de su discípulo Jan Silberstorff es una transformación exitosa del conocimiento chino en un lenguaje claro y comprensible.

En este comentario el Maestro Jan Silberstorff explica el texto original con gran detalle, no dejando espacio a preguntas y dudas que obstaculicen su entrenamiento.

El libro ha sido diagramado de modo que cada capítulo comience con el texto original en chino y su traducción palabra – a – palabra. Luego sigue él con la explicación y comentario. Decidimos "sangrar" la traducción palabra – a – palabra del Maestro Jan Silberstorff y ponerla bajo el título de "Traducción". Esto simplemente sirve para una fácil lectura y esperamos que le facilite seguir el texto y comentario.

Le deseo que disfrute de la lectura. Y espero que gane motivación y un mayor entendimiento de este antiguo arte del Taijiquan.

Cordialmente,
Joachim Stuhlmacher
Editor de la Edición Alemana

INTRODUCCIÓN A LOS CINCO NIVELES DEL GONG FU EN TAIJIQUAN

TEXTO CHINO ORIGINAL

陈式太极拳的五层功夫

练习太极拳同学生上学是同样道理，从小学到大学，逐步掌握越来越多的知识。没有小学、中学的文化基础，就接受不了大学的课程。学习太极拳也是一层一层由浅入深，循序渐进，如果违背了这个原则，结果是欲速则不达。学习太极拳从开始到成功，可分五个阶段，也称五层功夫。每层功夫都有一定的客观标志，表示功夫的现有水平，第五层功夫为最佳。

现将每一层功夫在练习中达到的标准和技击表现作如下介绍，目的是使广大太极拳爱好者了解自己的现有水平，知道还应进一步学习哪些东西，以利一步一步地进行深造。

Los autores, Gran Maestro Chen Xiaowang y Maestro Jan Silberstorff

TRADUCCIÓN

Aprender Taijiquan significa educarse uno mismo. Es como lentamente avanzar desde la escuela primaria a la universidad. A medida que el tiempo pasa, más y más conocimiento se gana. Sin los fundamentos de la escuela primaria y secundaria, uno no será capaz de seguir los seminarios en la universidad. Estudiar Taijiquan requiere comenzar desde abajo, trabajando un camino de manera sistemáticamente y paso a paso hacia niveles más avanzados. Alguien que no acepte esto, pensando que puede tomar un atajo, no será exitoso. El proceso entero de aprender Taijiquan, desde el comienzo al éxito, consiste en cinco etapas o cinco niveles de artes marciales (Gong Fu) construidos unos sobre otros. Cada nivel de Gong Fu tiene sus especificaciones particulares y distintivas. El mayor logro es alcanzado en el Nivel 5. En las siguientes cinco secciones cada etapa y sus propios requerimientos y propósitos serán descritos en detalle. Esto está hecho con la esperanza de ofrecer una oportunidad a los entusiastas del Taijiquan alrededor del mundo a obtener una evaluación real de su actual nivel. Desde este punto ellos podrán luego darse cuenta qué deben ellos aprender y qué pasos deben dar en orden a alcanzar el estado siguiente.

13

COMENTARIO SOBRE LOS CINCO NIVELES

Los cinco niveles o etapas del desarrollo en Taijiquan son el centro de este libro, en el cual Gran Maestro Chen Xiaowang intenta representar el completo desarrollo del Taijiquan independientemente del estilo, desde el principiante al mayor nivel alcanzable. Por este propósito él escribió una pequeña introducción que quiero usar para anteceder esta sección. Posteriormente explicaré algunas cosas básicas sobre cada nivel. En la segunda parte trataré de explicar cada nivel individualmente con la ayuda del texto original.

En la introducción de los cinco niveles Gran Maestro Chen Xiaowang escribe:

Aprender Taijiquan significa educarse uno mismo. Es como lentamente avanzar desde la escuela primaria a la universidad. A medida que el tiempo pasa, más y más conocimiento se gana. Sin los fundamentos de la escuela primaria y secundaria, uno no será capaz de seguir los seminarios en la universidad. Estudiar Taijiquan requiere comenzar desde abajo, trabajando un camino de manera sistemáticamente y paso a paso hacia niveles más avanzados. Alguien que no acepte esto, pensando que puede tomar un atajo, no será exitoso. El proceso entero de aprender Taijiquan, desde el comienzo al éxito, consiste en cinco etapas o cinco niveles de artes marciales (Gong Fu) construidos unos sobre otros. Cada nivel de Gong Fu tiene sus especificaciones particulares y distintivas. El mayor logro es alcanzado en el Nivel 5. En las siguientes cinco secciones cada etapa y sus propios requerimientos y propósitos serán descritos en detalle. Esto está hecho con la esperanza de ofrecer una oportunidad a los entusiastas del Taijiquan alrededor del mundo a obtener una evaluación real de su actual nivel. Desde este punto ellos podrán luego darse cuenta qué deben ellos aprender luego y qué pasos deben dar en orden a alcanzar el estado siguiente.

Los Cinco Niveles sirven como guía en dos aspectos. Primero, me ayudan a evaluar dónde estoy ahora y qué seguirá. Segundo, me ayudan en la comprensión sobre el hecho que aprender muy rápido o saltándome algo no es un atajo. Algunas veces es exactamente lo opuesto, y examinar cosas de manera precisa y lenta resulta ser el camino más rápido en definitiva. Si el objetivo, el aprender Taijiquan – que usa las artes marciales como expresión – o incluso entender el Taiji ("el gran objetivo"), significa que debo encontrar una vía de práctica en la cual yo pueda obtener esas habilidades y realizaciones trabajando en mí mismo.

Taiji

No está en saber muchas formas. No está en demostraciones o la gloria de ganar torneos. Realmente está en entender esta cierta esencia, hacerla propia y crecer con ella. Es importante saber que para este propósito un vehículo es suficiente, un sistema con correspondientes ejercicios básicos, refinamientos y niveles avanzados sobre los cuales construir. Este sistema debe ser completo en sí mismo y capaz de guiar al "gran objetivo".

Debo caminar esta vereda con sinceridad y preocupación, paso a paso.

Este es uno de los significados de las palabras del Gran Maestro :

Estudiar Taijiquan requiere comenzar desde abajo, trabajando un camino de manera sistemáticamente y paso a paso hacia niveles más avanzados. Alguien que no acepte esto, pensando que puede tomar un atajo, no será exitoso.

Puede haber muchos obstáculos, tu propia impaciencia, cuánto tiempo tienes disponible para entrenar, o tu curiosidad, la que quiere saltar millas adelante, o muchas otras.

No es tan problemático, si es que vuelves atrás y cuidadosamente re- aprendes los pasos previos. Acabas de comprender por qué este ejemplo es usado aquí. Estudiar a nivel universitario requiere que hayas pasado por colegios de enseñanza básica y media. Si vas derecho a la universidad, puedes sentarte como un invitado, pero sin haber terminado la enseñanza básica o media, no entenderás nada. No hay forma de rodear el hecho de que debes construir esto parte por parte, que es la forma original, tradicional de pensar. Esto toma tiempo, y solo el tiempo da paso al progreso. Encontrarás muchos obstáculos en este camino, no solo alegrías, pero también las dificultades que pueden ser trabajadas. Esto puede llevar a un cierto descontento, y cada uno tiene su propia versión de ello.

Todo esto es descrito en los cinco niveles. Esto puede ser predicho con exactitud cuando ciertas dificultades o cambios de interés asoman.

Por ejemplo, actitudes como "el Taijiquan no es tan excitante como lo pensé el año pasado," "el Taijiquan parece no estar ofreciéndome más, no hay nada nuevo," o "no estoy progresando nada" o "el Taijiquan no es bueno o yo soy muy estúpido" pueden aflorar. Estas equivocadas interpretaciones pueden usualmente ser predichas entre otras cosas, quiero clarificarlas en mi comentario. Esto facilitará al estudiante reconocerlas y trabajarlas.

Utilizaré el siguiente dibujo para ilustrar el proceso de desarrollo del Taijiquan. El mayor objetivo que queremos alcanzar es la perfección del Taiji, el estado completo de ser, inclusive llegando a Wuji, la unidad, lo eterno.

En lo más alto está nuestro objetivo. Bajo él podemos ver el camino que lleva a él, y bien abajo, está el punto donde estamos comenzando.

El carácter chino en la base significa "humano" (Ren). Este somos nosotros, aquellos que hemos decidido caminar por esta vereda. Ahora, la realidad es que nadie puede caminar esta vereda en línea recta, porque todos cometemos errores. Nadie puede evitar los errores. Por lo tanto, no es posible llegar arriba en línea recta. El camino del aprendizaje requiere que nosotros aceptemos las desviaciones y desvíos en cierto grado. Cada estudiante debe saber que aprende descubriendo sus errores. Además, debo primero encontrar el camino.

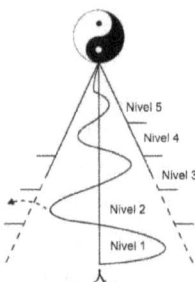

Ahora, comienzo a aprender y aquí está el camino. Pero comienzo a apartarme del camino directo al confundir el material de diferentes maneras. Me desarrollo y progreso, pero no sin desviaciones. Esto significa, yo necesito un profesor que pueda mostrarme mis errores y corregirme, para que así yo pueda cambiar la dirección y encontrar la ruta de vuelta al camino.

Si al principio me desvié en un sentido, ahora puede que pierda mi camino en otra dirección. Nuevamente necesitaré una corrección para retornar al camino correcto, luego viraré de nuevo y así sucesivamente.

Con el tiempo los desvíos se vuelven más pequeños. Este proceso puede ser explicado muy simplemente observando los requerimientos físicos del Taijiquan. Por ejemplo, cuando estoy practicando "Postura de Árbol" y me inclino mucho hacia atrás, puedo estar teniendo la sensación que estoy parado derecho. Desde mi subjetivo punto de observación, la subjetiva conciencia de mi cuerpo, yo estoy parado derecho. Si yo no me sintiera derecho, me pondría de una manera distinta, porque estoy buscando la sensación de estar parado derecho. Si ahora el profesor me corrige y me posiciona para estar derecho, puede que tenga la sensación de estar inclinado hacia adelante, porque la posición anterior estaba inclinada hacia atrás.

○

"Wuji" (literalmente 'sin rugosidad', pero interpretado como 'sin límites / sin extremos') está representado como un círculo vacío y simboliza el origen del ser, de Taiji, es su original, unidad no dividida, lo absoluto, el no cambio.

Yo confío en mi profesor, quien es por supuesto importante mientras aprendo. Debes buscar a tu alrededor lo suficiente para encontrar a un profesor en quien puedas confiar, que sea competente y que pueda enseñarte algo. Esta es la única manera de dejar atrás tu propia subjetividad y acercarte, relativamente, a la objetividad. No tiene sentido pensar que sabes más que tu profesor y volver a lo familiar, equivocado, porque es una manera subjetiva de pararte después de haber sido corregido. No necesito perder mi tiempo asistiendo a clases con esta actitud. Esto significa, debemos cuidadosamente elegir un profesor en quien confiemos absolutamente.

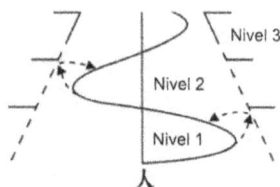

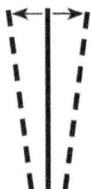

Demos esto por hecho. Ahora me paro derecho, gracias a la corrección de mi profesor siento que me inclino mucho hacia delante. Vuelvo a casa y lo intento, fuera de la clase, durante mi propio tiempo de entrenamiento en mi hogar. Pese a que no puedo recordar la corrección perfectamente. Pero recuerdo que sentía como si estuviera muy inclinado hacia el frente.

Así que ahora busco esa sensación de "estar inclinado hacia delante". Y presumiblemente la próxima vez que esté en clases seré corregido de nuevo porque estaré inclinándome demasiado hacia adelante. Pero seguramente no será tan hacia adelante como lo fue hacia atrás en la primera ocasión.

Este "juego" continúa. Ahora me corrijo hacia atrás, seguramente de nuevo demasiado – pero nuevamente será menos hacia atrás que lo que fue hacia adelante previamente. Luego nuevamente mi profesor me corrige hacia adelante. Y paso a paso, las desviaciones se van, hasta que yo, por mi estructura y tipo de cuerpo, me paro de manera adecuada. Esto es solo un ejemplo. Esto puede verse reflejado en interrelaciones completamente diferentes. Sea como sea, en términos prácticos, esto es aproximadamente como el proceso de entrenamiento trabaja.

Con la instrucción correcta no te desviarás completamente del camino, sino solo en aspectos o áreas particulares. La razón por la cual me desvío es debido a mi subjetividad, o de alguna manera interpretando de manera incorrecta el material aprendido. Me inclino mucho hacia delante, luego soy corregido, luego me inclino mucho en otra dirección. Golpeo muy fuerte con mi puño y mi profesor me dice que relaje, luego mi golpe de puño es muy débil. De esta manera todo se balancea gradualmente.

De cualquier forma hay límites. Esto es similar a manejar en una carretera. La línea continua significa "no adelantar". Esto significa que desde el Nivel 4 no puedo desviarme mucho del camino recto sino quedarme cerca de esta línea, al menos no tanto como para perderme en una dirección equivocada. Luego en este nivel he aprendido a corregirme a mí mismo sin la presencia de un profesor. A niveles más bajos (1, 2 y 3) no he alcanzado esta etapa porque no puedo reconocer mis propios errores. Si mientras trabajo en los tres primeros niveles en contacto directo con un profesor, decido no asistir a clases y practicar por mí mismo, es muy posible que me desvíe mucho más del camino y tenga un progreso en alguna dirección, pero no será nada en cuanto al Taijiquan en un sentido real.

Nuevos descubrimientos como el Taiji – aeróbico y otros caen dentro de esta categoría. Algo ocurre y es desarrollado, pero no tiene nada que ver con el tema central y hay razones para esto. No estoy dentro de los límites del camino real. Por el contrario, me desvié del camino, crucé cierto límite y ya no tengo la capacidad de encontrar el camino de vuelta sin un profesor. Me salí del camino pero continuaré practicando porque no lo he notado.

Seguramente puedo tener la sensación de que no necesito un profesor porque puedo hacerlo por mí mismo. Todo se siente bien, se siente que está trabajando un poco y yo sé que la cabeza debe mantenerse derecha y no caer hacia atrás. Todo esto puedo hacerlo yo mismo. Pero no puedo reconocer mis errores. Esta es la belleza de los errores: si yo estuviera consciente de ellos no los haría. Solo cometo errores en las cosas que no estoy consciente. Tiene sentido el que yo no estoy consciente de mis errores. De cualquier forma con continua práctica mis errores se vuelven más pronunciados y noto inconscientemente que de alguna manera las cosas no están progresando. Nada ocurre. Y esto es el principio del querer practicar algo nuevo, el buscar nuevos métodos y tratar esto o lo otro. Esto implica que existe un peligro en mantenerse en un estado de semi – conocimiento e incluso ser tentado a crear algo nuevo, que solo puede mantenerse de manera superficial y fracasar en comparación al arte actual. Esto no significa que puedas divertirte con esto. De cualquier forma, nosotros aquí estamos interesados solo en la verdad, el clásico arte del Taijiquan y no en desesperados intentos fallidos de auto – expresión.

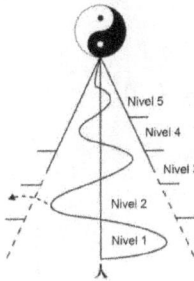

Cuando este camino es seguido correctamente se vuelve tan rico en contenido que interés en combinar el Taijiquan con otros métodos disminuye, porque es completo en sí mismo viéndose como tal.

Por supuesto que habrá quienes aprendan un arte llevándolo a niveles altos y luego quieran desarrollarlo aún más. No estamos hablando de esas personas aquí, porque sin ellos no tendríamos el Taijiquan u otras artes, ellos son esenciales para el desarrollo de cualquier arte. De cualquier forma, el grupo descrito anteriormente expone este desarrollo.

El peligro está presente hasta cierto nivel de entendimiento, de manera más precisa hasta el Nivel 4. Desde este nivel he aprendido tanto que ya no abandono el camino. Ahora puedo autocorregirme, pero puedo aprender aún más rápido con mi profesor. Me es más fácil aprender cuando alguien me está ayudando, pero puedo encontrar el camino arriba por mí mismo. En los Niveles 1, 2 y 3 este no es el caso. Esto es porque aún no sé lo suficiente, no estoy siendo consciente y no estoy suficientemente familiarizado con ciertos mecanismos de control. Esto no es porque nadie me haya hablado de ellos, sino porque no los he experimentado de manera personal.

En el principio esto se ve así:

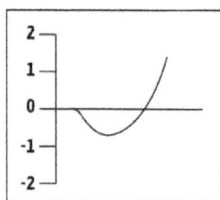

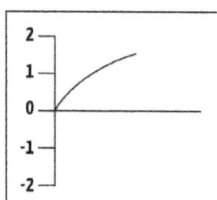

Donde existe un signo más (+), también existe un signo menos (-)

Asumamos que parto en cero (0). En un comienzo me moveré hacia una zona negativa. Esto puede ser visto como empeorar, y solo empezaré a mejorar después. Pero este método puede tener sus beneficios. Quiero alejarme de ciertos viejos conceptos y patrones. Debo, por ejemplo, no usar un esfuerzo de tensión muscular, pero si usar mi energía interna. En este punto no tengo un entendimiento de "energía interna", pero ya se me pide no usar esfuerzo muscular. Esto significa que si en el pasado he tenido que empujar a alguien, ahora recordaré no usar fuerza muscular y caeré en "brazos de spaghetti". Nada ha tomado aún el lugar de la fuerza muscular. Ya no uso la fuerza muscular, pero todavía no tengo nada que usar en su lugar. Desde la perspectiva de las artes marciales, estoy peor que antes, porque de la manera en que antes podía empujar a alguien ahora no puedo hacerlo. De todas maneras esto no es un efecto negativo, considerémoslo como un "invertir en perder". Es así de simple. Entré en un concepto en el que no quiero continuar. Pero tomará tiempo hasta que logre progresar lo suficiente en lo que sí quiero aprender. Durante este período de transición posiblemente estaré peor de lo que estaba con mi antiguo concepto. Esto es parte del camino o al menos podría serlo. Depende del método de práctica o cómo yo quiero involucrarme en él. También está la posibilidad de progresar desde el principio sin moverse desde la zona negativa. En este escenario me apegaré a "la fuerza muscular cruda" y la dejaré ir poco a poco – así podré irla reemplazando a medida que adquiera habilidad "interna". Usando el primer método tú puedes primero aprender Postura de Árbol, Hilado de Seda y solo después de haber conseguido una base fuerte aprender una forma. Empuje de Manos debería ser agregado mucho después, una vez que la "fuerza muscular" ha sido disuelta y reemplazada por "energía interna". El segundo método te permitirá aprender desde el principio incluyendo Empuje de Manos.

Con cada nueva percepción todos los conceptos aprendidos deben ser integrados como las piezas de un puzzle. La "fuerza muscular" debe lentamente dar paso a la "fuerza interna". Este segundo método no entra en una zona negativa, y por lo tanto parecerá que el progreso es más rápido en un comienzo. Pero luego, durante el camino, este estudiante progresará significativamente más lento porque él aún está enredado en algo que tiene que dejar ir. El primer método es exactamente opuesto: en un principio retrocedes, pero luego el progreso es más rápido.

Asumiendo una práctica inteligente, ambos métodos se encontrarán en algún punto del camino.

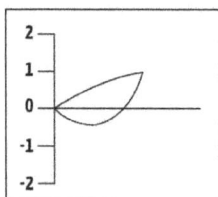

Nivel 1 es el nivel en donde yo aprendo todos los ejercicios y movimientos en su secuencia externa. Primero aprendo los ejercicios básicos, Postura de Árbol e Hilado de Seda. Posteriormente aprendo las formas y cómo fluir a través de ellas sin pensar ya en la secuencia. Además, aprendo principios básicos de la alineación vertical al pararse derecho. El entendimiento no está refinado, es muy simple. La columna debe estar vertical, el peso debe hundirse, la coronilla debe sentirse como si fuera suspendida desde arriba, estos son los principios básicos que deben ser tomados en cuenta y que debo ser capaz de aplicar en la forma de aquí en adelante. Esto también es descrito como "Taijiquan como suave gimnasia", "Taijiquan para relajación" o incluso "libera el estrés a través del Taijiquan". Todos estos aspectos caen dentro del Nivel 1. Estos conceptos hacen, por supuesto, inevitablemente que no podamos hablar aún de Gong Fu[1] en su sentido real.

---

[1]"Gongfu" (trabajo duro) describe un estado en el cual uno ha alcanzado un alto nivel a través de mucho esfuerzo y resistencia. "Tui Shou" (Empuje de Manos) se refiere al trabajo junto a un compañero de Taijiquan.

Con el Tajiquan la premisa básica es que es fundamentalmente un arte marcial sin bien en un Nivel 1 aún no podemos hablar de habilidades marciales. He aprendido los movimientos a la manera en que alguien aprendería gimnasia, lo que significa como una forma de ejercicio, una secuencia de movimientos. Lo que no significa que yo pueda implementar la técnica de Empuje de Manos con un compañero o las aplicaciones de auto – defensa.

Esto es gracias al trabajo real sobre la esencia, el desarrollo del poder del Taijiquan, del llamado "poder interno", aún no ha comenzado.

Las lecciones son interesantes y excitantes, porque a cada momento aprendo algo nuevo. Todavía no sé todas las sabias historias y una y otra vez te impresionan las cosas que escuchas. Además, cada vez aparece un nuevo movimiento, una nueva parte de la forma[2] . Esto lo mantiene interesante y excitante. Cada vez que voy a casa puedo decir "Miren, hoy aprendí "lazo simple" y la próxima vez aprenderé "la grulla extiende sus alas" o algo así…"

Esto significa que cada vez que aprendo algo nuevo puedo demostrarlo. Es algo material que puedo poseer. Aprendí algo que puedo mostrar. Es tangible. Es por esto que el Nivel 1 no es un problema para la mayoría de los estudiantes.

La transición a Nivel 2 ocurre cuando he aprendido los movimientos y puedo ejecutarlos de manera más fluida en la forma, y, si estoy aprendiendo la secuencia de una forma, ya no tengo que pensar qué mano va dónde y qué

---

[2]Todas las formas de Taijiquan consisten en una secuencia de diferentes movimientos o técnicas. Los nombres de cada movimiento en particular usualmente obtienen su significado de las técnicas en sí, pero algunas veces de asociaciones histórico – culturales o mitología.

movimiento sigue. Simplemente fluyo sobre la forma, incluso si estoy pensando en el cumpleaños de mi abuela. Puedo ir a través de la forma sin ningún problema de secuencia.

Adicionalmente, he recibido algún grado de corrección estructural, incluso si puedo realizarla a un nivel superficial. Esto significa que una cierta conciencia del llamado "flujo del Qi" comienza a emerger. A veces es una sensación placentera. Se puede decir, en promedio, que así es como se sienten los practicantes de Taiji al final del Nivel 1.

En el Nivel 2 el estudiante comienza a examinar en profundidad los principios internos y externos del Taijiquan – "Wai San He" (las tres conexiones externas) y "Nei San He" (las tres conexiones internas).

Esto no quiere decir que estos conceptos no se usarán en Nivel 1. Pero ahora el estudiante lentamente comienza a estar consciente de estas conexiones y va más allá de la mera imaginación de estos conceptos.

Uniones Externas

Shou yu zhu he – manos y pies conectados
Zhou yu xi he – codos y rodillas conectados
Jian yu kua he – hombros y caderas conectados

Las uniones externas implican las conexiones entre hombros (jian) + cadera (kua), codo (zhou) + rodilla (xi), y manos (shou) + pies (zhu). Las uniones internas son las conexiones entre corazón (xin) + mente (yi), energía interna (qi) + fuerza externa (li), y tendones (jin) + huesos (gu). Esto no son solo clichés describiendo un concepto, así como el hombro debe estar alineado sobre la cadera y solo eso. Aquí estamos hablando de conceptos profundos que evocan un refinamiento del cuerpo así como de la mente y que requiere una ejecución precisa de la forma. Lo que en términos simples implica que debo ser corregido de manera detallada en la forma porque aún no alcanzo el nivel en el cual puedo autocorregirme. Esto significa que necesito a alguien que pueda alinearme correctamente, para que todas estas conexiones puedan engancharse con el resto de las partes del cuerpo en los aspectos que correspondan. Las "tres conexiones externas" son las categorías para todas las áreas del cuerpo con su propio opuesto. El control preciso de estas conexiones es un tema excitante, ahora no solo estoy aprendiendo el estar realmente consciente de la sensación de la unión del cuerpo, también estoy aprendiendo a cultivarlo. A través de las conexiones internas yo experimento lo que significa estar "completamente consciente" y lo que significa el poder percibir y activar energía en el cuerpo.

Uniones internas

Xin yu yi he – el corazón y la mente están conectados
Qi yu li he – Qi y la fuerza están conectados
Jin yu gu he – los tendones y los huesos están conectados

Luego aprendo a controlar esta energía en una forma particular, y esto es, usar la conciencia para hacerla circular a través del cuerpo. O aún mejor: aprender a apoyar este proceso natural en vez de entorpecerlo. Y experimento lo que significa controlar un movimiento externo de esta manera.

Así es como aprendo a disolver bloqueos en mi cuerpo.

En la otra mano, lo tangible, lo aparente, cesa más y más. Ya no llego a mi casa a contar qué cosas nuevas he aprendido. Ya conozco todas las historias. Todos los principios me han sido explicados cientos de miles de veces. Ya no hay nada nuevo que contarle a mis amigos. Nada nuevo ocurre. Ni siquiera he aprendido un nuevo movimiento. Y si no soy un coleccionista de formas, que es otro hobby, estoy realmente interesado en el desarrollo de algo, comienzo a estar consciente de las conexiones internas y externas en la forma. Si realmente quiero practicar Gong Fu, no diré rápidamente "Ok, no hay más formas que aprender aquí, podría mirar en otro lugar donde pueda aprender nuevos movimientos". Continuamente aprender nuevas formas no es bueno o malo. Solo se queda en el mismo nivel, falta el proceso de desarrollo. Esto no es un error, pero no trae progreso en Gong Fu, a lo más en amplitud no en profundidad. Encontrar profundidad implica examinar el proceso de los principios internos y externos.

Este proceso de examinación requiere paciencia.

A propósito, el principio externo de "Wai San He" es realmente un principio interno. Los principios son llamados internos o externos solo porque uno es más interno que el otro.

El Nivel 2 a pesar de no estar representado de esta manera en la ilustración, tiene una mayor amplitud que el Nivel 1.

Como mencioné, no aprendo nada nuevo que sea tangible y pueda llevarme conmigo. Y por lo tanto es muy difícil para mucha gente trabajar a través de este nivel, o para ser más exacto, a través de la primera mitad de este nivel. Precisamente porque pareciera no ser nada nuevo dos cosas puedan ocurrir. Por un lado puedo tener la sensación que ya no estoy aprendiendo nada, y por ende tener la sensación de saberlo todo ya. La forma se siente muy cómoda ahora y cuando practico me calma. Todo se siente cohesionado, y cuando termino siento como si hubiera estado flotando en una nube de energía. Esto me entrega el sentimiento de que ya soy bastante bueno en Taijiquan.

Me encuentro en un nivel donde podría participar en un torneo y seguramente ganar algún trofeo en realización de forma. Podríamos decir que estoy en un nivel donde externamente gano reconocimiento a través de frases como " wow, eso se ve realmente bien" y desarrollo la sensación de que ya he aprendido algo, puedo hacerlo y no me siento desafiado lo suficiente durante las clases. Después de todo soy un campeón. Y mientras no practique Empuje de Manos con nadie durante todo este tiempo mantendré esta sensación. Por otra parte si practico Empuje de Manos en gran parte veré que realmente no puedo hacer más de lo que hacía antes. No han aparecido nuevas habilidades realmente. Mi postura y acciones colapsan igual que antes. Por supuesto esto causa un poco de frustración, porque ahora, aparentemente, puedo hacerlo todo, y se siente genial, pero al mismo tiempo, no está resultando todo realmente.

Por otro lado, la sensación de que el Taijiquan no tiene sentido crece. Soy bueno en esto, pero siento que no pasa nada, nada es diferente. El entendimiento de los procesos internos, que viene luego, es superficial, pero es muy difícil de captar y muy difícil de aplicar, lo que es suficiente para caer en depresión. "Nunca aprenderé esto, esto es muy complicado para mí, tendré que trabajar en esto permanentemente". Esto significa que he desarrollado un alto nivel de temor. "Yo nunca aprenderé esto" es la fase que aparecerá después.

Esto ocurre al principio del Nivel 2 cuando aparentemente nada nuevo es sumado y la sensación de que nada ocurre asoma fácilmente. No estoy progresando nada pese a que practico todos los días.

A menudo esto ocurre inconscientemente, se vuelve muy interno, y no quiero enfrentar el problema real. No hablar de ello y pretender ser un gran maestro es mucho más fácil que hacerse cargo de las dificultades.

En este punto muchos se retiran. Incluso conscientemente porque ellos ven estas razones y dicen "Yo no voy a hacer esto". O porque se aburren o intuitivamente se resisten desde su ego y se agarran de la idea de que otro hobby puede ser más interesante. O ellos creen que ya saben todo y dejan de venir a clases. "Continuaré practicando por mi cuenta, sé que es para mejor, tengo que trabajar en ello. Ya sé todo lo que enseñan en clases así que ahora tengo que practicarlo en casa". Luego continúan practicando solos por años, aunque estén lejos de alcanzar un Nivel 4, o un Nivel 3, apenas un Nivel 2, y al final solo están caminando en círculo.

Si luego de tres años nuevamente intentan Empuje de Manos verán que están igual de mal que tres años antes. Esto significa que no ha ocurrido desarrollo. Tomo Empuje de Manos como un ejemplo porque tiene un gran significado para testear ciertas cosas sin dejar dudas. Por supuesto es lo mismo con otros aspectos del Taijiquan. ¿Estás más relajado? ¿Te molestan hoy cosas triviales como antes? Por supuesto esto puede ser testeado en muchos otros niveles. Por ejemplo salud: ¿me resfrío significativamente menos que antes? Pero mantengamos esto simple. Quedémosnos con el Taijiquan como un Arte Marcial. Echemos un vistazo a las habilidades marciales como una prueba del sistema. Considerando esto es poco importante si yo como practicante estoy interesado en las artes marciales o no. La escena del Taiji es muy diversa y la mayoría no está interesada en los aspectos marciales. De cualquier forma, esto es irrelevante para el entrenamiento porque el 95% del entrenamiento ocurre con y en mí mismo. Tradicionalmente, Taijiquan no usa "sparring" o un "saco de práctica", así como estamos acostumbrados a ver en las llamadas artes marciales externas. Esto no es definitivamente una gran parte del entrenamiento. El camino es básicamente el mismo para alguien que está interesado en las artes marciales como para alguien que no lo está (o que incluso las desaprueba). La meditación de pie sigue siendo meditación de pie. Los ejercicios de Hilado de Seda siguen siendo ejercicios de Hilado de Seda, las formas siguen siendo formas. Las correcciones no son diferentes. Nada es diferente.

El Gran Maestro Chen Xiaowang se confina a sí mismo en este artículo a las aplicaciones marciales en relación a los cinco niveles en términos de éxito. Por lo tanto mayormente usaré ese mismo razonamiento en mi comentario. Pero, nuevamente como recordatorio: todos los logros que muestren progreso en aspectos marciales también muestran progreso en el desarrollo espiritual y de salud. Esto es verdad en la medida que el entrenamiento sigue un camino correcto y es realizado en el sentido completo de "Wude"[3].

---

[3]Wude toma el símbolo de "wu", el cual se aplica a toda arte marcial y el símbolo "de" el cual se aplica para virtud. Tiene relación a la relevancia de las artes marciales para la educación física y mental / moral en un ser pacífico y que respeta a todos los seres y cosas.

El 99% de los practicantes de Taiji (estudiantes así como profesores) alrededor del mundo están en Nivel 1 y el comienzo del Nivel 2. Después de la segunda mitad del Nivel 2 de pronto algo ocurre. Ahora estoy pasando esta fase difícil de pronto comienzo a notar una real intensidad en las conexiones internas y externas. Ahora me vuelvo consciente de la verdad de estos principios porque lentamente están comenzando a hacer efecto en mí. Por eso es que una cosa u otra comienza a funcionar, incluso durante Empuje de Manos. Ahora siento una diferencia con lo anterior. Me puedo parar mejor. Puedo hacer cosas que antes no podía. Técnicas de bloqueo que antes se podían usar contra mí pierden efectividad. Mis propios bloqueos ya no son fáciles de escapar. De repente siento más energía y puedo controlarla mejor. Puedo hacer cosas que antes solo leía. Y sobre todo, mi conciencia mente – cuerpo está cambiando y un cambio particular ocurre de manera relativamente espontánea. Ya no tengo que obligarme a mí mismo a practicar, "Practico porque mi profesor me dice que lo haga", sino todo lo contrario. Ahora disfruto de la práctica. Ahora voluntariamente trato de practicar más. Ahora comienza la fase donde las personas comienzan a limitar sus otros hobbies para tener más tiempo de práctica. Las idas al cine se hacen menos frecuentes, para poder practicar las formas. Esto es porque la conexión de energía que ha ocurrido en el cuerpo resulta una sensación de bien estar. Esta sensación es más importante que la que obtengo por ir al cine o tomar cierta cantidad de alcohol. Después de todo, nos esforzamos todos los días por sensaciones de confort y no todas ellas son saludables. No todas ellas traen un desarrollo significativo. Aquí tenemos un desarrollo significativo que puede traer un sentido de bienestar que es más profundo que lo que podemos obtener de hábitos poco saludables como fumar, comida no sana, o drogas. Después de tener esta experiencia es más fácil elegir Taijiquan. Ahora es más fácil dejar los hábitos poco sanos. He notado como esta "Experiencia de Taiji" me mantiene más y más lejos de actividades no sanas. En el pasado puede que haya disfrutado mucho de las fiestas, pero al día siguiente al practicar Taiji notaba de inmediato que había sacrificado un poco de progreso. Ahora prefiero hacer una pequeña visita a la fiesta – o no ir – y continuar practicando normalmente al día siguiente sin perder nada. Simplemente se siente mejor. Ya no es una decisión racional.

Esto nos trae al siguiente punto. Obtengo esta sensación, pero aún no es consistente. Desaparece nuevamente. Eso depende de cómo me sienta ese día. Es lo mismo en Empuje de Manos. Algunas cosas están empezando a funcionar, pero puede que otras no. Mi estructura aún colapsa parcialmente, caigo, o mis bloqueos no son tan efectivos como yo quisiera. Esto es cerca de la mitad del Nivel 2.

Desde el final del Nivel 1 hasta el comienzo del Nivel 2 es la fase donde a los occidentales les gusta practicar mucho Empuje de Manos, no obstante es un marco en el cual cierto nivel de energía queda fuera, es un marco tranquilo, suave, como de conversación, que usualmente muestra desaprobación si alguien es muy agresivo o quiere empujar muy duro. Esto es quizás no posee este carácter marcial, o quiere tenerlo. Muchos en la "escena de Taiji" no tienen la cualidad de querer "pelear". La "agresión" no es aceptada. Por otro lado, uno intuitivamente siente que no puede pasar esta prueba. Ambas razones pueden traslaparse. En cualquier caso la mayoría de la gente en esta esfera aún no ha alcanzado o completado el Nivel 2. Cuando el nivel de habilidad mejora uno comienza a interesarse en aplicaciones más serias y energéticas porque intuitivamente uno puede tomar una posición más segura y "aferrarse la piso". Esto solo comienza en la mitad del Nivel 2, y por lo tanto es bueno practicar con energía suave en este punto.

Por supuesto existe también un pequeño grupo de practicantes que solo quiere empujar y pelear y no le preocupan los principios. Este grupo ciertamente está abierto a "ir un poco más fuerte". De cualquier forma, aquí nosotros estamos preocupados en un desarrollo real y no en la competencia repetitiva sin progreso.

Está claro entonces que en el medio del Nivel 2 ya he aprendido algo real. Siempre que hago algo calmada y suavemente es posible para mí – en contraste al Nivel 1 – el notar ciertas cosas y trabajar en ellas, lo que significa que puedo inducir un cambio, cediendo mientras avanzo en alguna dirección o manteniendo mi balance mientras quiebro el de mi oponente, etc. Este es el juego normal que es practicado cuando se practica Empuje de Manos en occidente. Este tipo de Empuje de Manos con movimientos lentos y suaves puede ser realizado con gran éxito desde el comienzo hasta la mitad del Nivel 2. Uno raramente pierde. Si, de alguna manera, uno es empujado agresivamente, uno usualmente vuela. Esto cambia en Nivel 3.

Un lector u otro puede pensar que el límite de 99 por ciento parece alto. Así que miremos este número de más cerca[4] .

---

[4]Noventa y nueve por ciento significa literalmente que 1 de 100 practicantes de Taiji ya tiene habilidades ante esta instrucción. Para una ciudad como Hamburgo esto puede significar por ejemplo que, para un estimado realista de 5000 practicantes de Taiji, 50 ya han adquiridos habilidades marciales en su entrenamiento. Para una ciudad como

En el Nivel 3 he alcanzado la habilidad que me permite hacer cambios apropiados incluso si el ambiente posee energías agresivas y mantener mi centro mientras el centro de mi oponente colapsa. Ahora ya no es importante si mi compañero me trata bien o me empuja fuerte como lo era en el pasado. Esto incluso puede ser bueno para mí porque ahora puedo lidiar con mis errores en una dificultad mayor. Por lo tanto ya no es un problema si soy empujado más agresivamente. Ya no ocurre nada, en el sentido real de la palabra. Ahora podemos empezar a hablar seriamente del arte de la defensa personal. Esto es el comienzo de Gong Fu serio, de su cultivo. En esta descripción de la finalización del Nivel 2, el Gran Maestro escribe una indisciplinada pero "nueva mano" que uno ha adquirido y en Nivel 3 él escribe expresamente de habilidad, incluso si no es en un alto nivel, visto desde la perspectiva de un alto nivel.

Son muy pocos en el mundo que han alcanzado las habilidades de Nivel 3. Correspondientemente menos de un Nivel 4. Y difícilmente casi nadie ha alcanzado Nivel 5. Dentro de la escena del Taiji, la mayoría están en Nivel 1. Aquellos profesores conocidos como "buenos" en occidente y oriente están en la primera mitad del Nivel 2, con unas pocas excepciones. En la mitad del Nivel 2 ellos son a menudo llamados maestros.

Sea quien sea quien entre al Nivel 3 entra a un estado en donde él ha desarrollado reales cualidades desde las cuales ya no puede desviarse del camino, incluso si continúa practicando por su cuenta. En Nivel 4 yo ya no

---

Beijing, con un estimado de 1.3 millones de practicantes, esto puede significar que más de 10.000 personas pueden haber obtenido habilidades en artes marciales y sobre la mitad de Nivel 2. Por lo tanto podemos ver que 99 por ciento resulta ser un estimado bastante conservador, y un recordatorio de precaución de no ponerse uno mismo muy arriba en el ranking muy pronto.

necesito asistir a clases, aunque puedo seguir progresando de la mano de un profesor. Pero en este punto no es fácil encontrar un profesor. Por eso es que si alguien ha sido afortunado en llegar a este nivel probablemente ya dio con su profesor, o en todo el sentido de la palabra, seguramente sobrevivió a él. Solo algunos pocos en la historia del Taijiquan aún tienen, o tuvieron, un profesor en este punto. Esto no quiere decir que ya no hay más correcciones que realizar. Sino que ya no hay nadie más alrededor que pueda hacerlas. El Gran Maestro escribe que incluso en Nivel 5 aprender y practicar nunca cesa, porque no hay estado en el que uno no pueda progresar.

Uno siempre puede mejorar, y llegar realmente al 100 por ciento no es posible.

Mientras estoy ocupado aprendiendo conceptos externos en Nivel 1, así como formas y movimientos, alineación del cuerpo, desarrollo de un cierto tipo de estable suavidad, creación de movimientos desde el centro, etc. en Nivel 2 nos concentramos en llegar a mayor profundidad. Aquí trabajo en construir el flujo de energía en cada movimiento de manera completa y controlarlo. El que en Nivel 1 esto está presente solo de manera fragmentaria e intermitente hace que algunos de estos movimientos se sientan confortables y otros no.

Desde el Nivel 3, los círculos se vuelven más pequeños. Nivel 3 es un estado en donde los círculos amplios se vuelven círculos medios. El significado de esto no se relaciona a los movimientos periféricos sino a las espirales energéticas internas. Se vuelven más pequeñas, y uno puede decir también que la energía se vuelve más densa. Esto causa que los movimientos se vuelvan más y más refinados, más penetrantes y más fuertes.

Nivel 4 es más o menos lo mismo del Nivel 3, pero en

un nivel significativamente mayor y el Nivel 5 es en cierta forma desvinculada. Esta desvinculación es lo que se llama "misterio invisible". Ahora el misticismo entra en juego.

A propósito de la habilidad marcial podemos decir que no hay ninguna en Nivel 1. En Nivel 2 hay habilidad marcial en un lento y suave marco. Aunque quien haya progresado a través del Nivel 2 tendrá una habilidad real. El estará, como regla, en un estado de la mente donde los torneos y competiciones ya no le interesarán. Esto ya no es por un miedo intuitivo de poder mantenerse en pie, sino por madurez espiritual. Es esta razón por la cual no encontraremos a maestros de un alto nivel en torneos o encuentros de Empuje de Manos. Esto de todas maneras no debe ser sobre simplificado. Si he llegado a la segunda parte del Nivel 2, yo puedo mostrar, sentir, y estar consciente cuando alguien empuja suave, empuja fuerte, golpea o da un puñetazo. Esto es cuando yo comienzo a notar una cierta superioridad, aunque si alguien intenta atacarme agresivamente o me toma por sorpresa mi estructura posiblemente colapse. Esto cambia en Nivel 3. En Nivel 3 uno debería ser capaz de desviar y neutralizar empujes fuertes y agresivos y a la vez reducir al oponente e imposibilitarlo de actuar. En el momento del contacto el atacante devuelve atacado, porque en ese momento de contacto los roles se invierten. Nosotros nos mantenemos en nuestro centro, mientras el atacante lo pierde. Originalmente lo opuesto a lo planeado: el atacante quería quedarse en su centro y nosotros debíamos perder el nuestro. En el momento que ocurre el contacto, independiente de cómo ocurra, pasa lo contrario. Esto significa que este es el momento en que el atacante se ve forzado a la pasividad, porque sin estar en nuestro centro, no puede realizarse un ataque útil. Es verdad que aún no soy capaz de dirigir mi propia y explosiva energía, el poder del "fajin", ahora se desarrolla lentamente en mi Taiji. Los movimientos explosivos (fajin) teóricamente no son exclusivos del estilo Chen. Teóricamente también están presentes en otros estilos de Taiji. Son poco practicados en otros sistemas de Taiji, pero los principios del movimiento, sean rápidos, lentos o explosivos son los mismos. Hablando en general, en el estilo Chen no hablamos de diferentes sistemas, a lo más de diferentes dialectos. Que alguien practique movimientos explosivos en su sistema, o no, no es un tema de Taijiquan, sino una cuestión de si importa o si puede ser enseñado. Al final, todo sigue el mismo principio, el del Taiji. Y no son tres diferentes, sino uno solo, que por supuesto enmarca un único entendimiento (o la falta de) debe ser expresado e interpretado en diferentes formas. Así como una lengua puede sonar distinto en diferentes lugares pero sigue siendo el mismo lenguaje, incluso si un dialecto es tan fuerte que puede ser difícilmente entendido.

En Nivel 4, tengo éxito en neutralizar y disolver el poder del otro, así como en dirigir y usar apropiadamente mi propia fuerza explosiva. Ahora llegamos a esas maravillosas historias que nos hemos perdido por tanto tiempo durante nuestras propias prácticas, así como personas volando por los aires, y de manera real, no aparentadas por los alumnos. En torneos donde participantes se enfrentan cara a cara, el juez suena su silbato y esperamos expectantes que uno de los contendores sea catapultado varios metros fuera del ring. En realidad, todo lo que vemos es un gran forcejeo. La razón para esto es que los participantes no han llegado a su nivel más alto. Esto no significa que los torneos sean malos. Solo implica que las personas no han progresado tanto y que la mayoría de los participantes está en un nivel similar. Esto debe ser entendido correctamente. No verás a un Gran Maestro enfrentando a un principiante, pero sí dos personas, donde una ha estudiado a lo mejor por 4 años y otra solo por 6. No hay diferencia ahí. Recuerdo al Gran Maestro Feng Zhi Qiang. Estaba en su casa y había hecho una pregunta en particular. Él me miró y me preguntó : "Jan, ¿cuánto tiempo has practicado Taijiquan?". Esto era en 1994 y respondí: "Siete años". Él se rió y dijo: "Estás comenzando. Solo después de 50 años estoy rasguñando la superficie. "

En los torneos los estudiantes usualmente se enfrentan a otros estudiantes, maestros no se enfrentan a otros maestros. E incluso ahí, si los maestros estuvieran en un nivel superior similar, no harían nada o parodiarían un combate.

Por lo tanto en un torneo tenemos el siguiente problema: un general bajo nivel que es relativamente igual entre oponentes. No esperes una gran demostración o habilidad. De cualquier forma si has tenido la oportunidad de ser testigo de una competencia seria entre un nivel alto y otro bajo, verás estos maravillosos efectos de manera real.

Esto significa que en Nivel 4 podemos demostrar estos efectos, no solo ponerlo en un show. Nivel 4 no es solo sobre disolver directamente una gran cantidad de fuerza, sino además de aplicar nuestra propia potencia de manera explosiva y dirigida.

En Nivel 5 aparece la libertad de la cual hablaré más tarde.

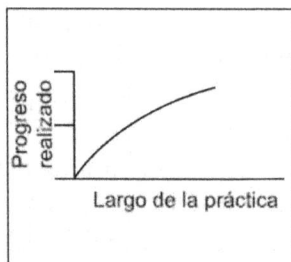

En el comienzo la curva se ve corta y empinada, se vuelve larga y aplanada con el tiempo. Esta es la dificultad que describí en el comienzo del Nivel 2: en el comienzo uno percibe un progreso diario, pero con el tiempo pareciera enlentecerse.

Luego lo empinado de la curva disminuye, y el progreso no se ve fácilmente en períodos largos de tiempo. Incluso después que uno tiene estudiantes, y el propio desarrollo ya no está en la parte empinada de la curva. Los estudiantes, de cualquier manera, comienzan en el principio. Por ello ellos parecieran progresar relativamente rápido, mientras que el profesor aparentemente solo se ha avanzado un poco. Aunque haya practicado tanto como ellos, pareciera que sus alumnos han progresado más rápido en el mismo tiempo, pero al final, ellos llegarán a la misma posición que su profesor en la curva. Esto significa que la percepción subjetiva del progreso disminuirá para los estudiantes también con el correr de los años.

Esta es una de las razones por las cuales pareciera que los estudiantes se aproximan a sus profesores muy rápido pero no pueden alcanzarlos. Esto nos permite asumir que ambas partes practican igual de fuerte.

Como no hay atajos o carriles para adelantar, sino la práctica concreta, el ritmo en el progreso se mantiene igual.

En la siguiente parte del libro examinaremos todos los niveles de nuevo con la ayuda del texto original. Pondremos especial atención al Nivel 3 (comenzando en la mitad del Nivel 2) 4 y 5.

Maestro Jan Silberstorff

NIVEL 1 DE TAIJIQUAN

TEXTO ORIGINAL EN CHINO

第一层功夫

练习太极拳要求立身中正，虚领顶劲，松肩沉肘，含胸塌腰，开髋屈膝，达到心气下降，气沉丹田。而初学者一下不可能掌握这些要领，但应按照逐式要求的方向、角度、位置、手足运行的路线等进行练习。因此，这一阶段对身体各部位的要求不必过于强调，适当地简化。如：对头和上体要求虚领顶劲、含胸塌腰，第一层功夫只要求头自然端正，立身中正，不前俯后仰、左右歪斜即可，这和初学写字一样，只要笔划对就行。但练拳时，从肢体上看，动作僵硬，外刚内空，有猛打、猛冲、猛起、猛落，有断劲、顶劲，系正常现象，只要坚持每天认真练习，一般有半年时间即可熟练拳架，并且随着动作质量的提高，将会逐渐引起内气在肢体内的活动，即达到以外形引内气的阶段。由招熟而逐渐懂劲的过程，为第一层功夫。

第一层功夫在技击方面达到的效果是很有限的。由于动作不够协调，运动不成体系，姿势达不到标准，存在着僵劲、断劲、丢劲、顶劲、拳架上有凹凸缺陷处，内气仅有感觉，不能一气贯通，发出来的劲，不是起于脚跟行于腿，主宰于腰，而是一节飞跃到另一节的零断劲。所以第一层功夫练拳适应不了技击。如与不会练武者较量，尚有一定灵活性，虽用不巧，但知道引进落空，有时偶然把对方发出，自己确难以保持身体的平衡。所以称为"一阴九阳根头棍"。何为阴阳？按练习太极拳来说：虚为阴，实为阳；合为阴，开为阳；柔为阴，刚为阳。阴与阳，是对立的统一、缺一不可，二者又可以互相转化，把二者按十份计算，练到阴阳相等，即为五阴五阳，这也是练习太极拳的成功标准。第一层功夫"一阴九阳"，刚多柔少，阴阳很不平衡，不能做到刚柔相济，运用自如。所以，在第一层功夫期间，对逐势的技击含义不必追求。

TRADUCCIÓN

Cuando practicamos Taijiquan los principios para las diferentes partes del cuerpo son:

- la alineación vertical del cuerpo
- ajustar la cabeza y el cuello como si el cuerpo estuviera suspendido desde arriba
- relajar hombros y hundir los codos
- relajar caderas y pecho, permitiéndoles que se hundan
- flectar las rodillas ligeramente y relajar la zona abdominal baja

Entregadas estas condiciones, la energía interna bajará al Dantian de una manera natural. Los principiantes no serán capaces de dominar estos puntos inmediatamente. Durante el ejercicio la atención debe estar puesta en que las posiciones del cuerpo tengan la alineación correcta, y que brazos y piernas estén correctamente coordinados. Durante esta fase el practicante no debe enfocarse mucho en los requerimientos de cada parte del cuerpo en relación al movimiento. Simplificaciones relativas son aceptadas.

Un ejemplo: para la cabeza y la parte superior del cuerpo es importante que el cuello esté erecto mientras el cuello y las caderas se hunden. En el Nivel 1 es suficiente asegurar que la cabeza y el cuerpo se sostienen en una posición natural, que nada se incline hacia adelante o hacia atrás, muy a la derecha o hacia la izquierda. Es como aprender caligrafía: en un comienzo es importante asegurar que las líneas estén apropiadamente dibujadas. Por lo tanto, en un comienzo, los movimientos pueden sentirse firmes o sólidos desde afuera pero vacíos por dentro. O uno puede encontrarse rígido dando golpes o puñetazos. O uno puede tener un repentino alzamiento o colapso del torso. La fuerza que aplicamos puede no ser continua o ser excesiva. Estos errores son normales en un comienzo.

Aquellos que son dedicados lo suficiente y entrenan cada día pueden aprender la forma aproximadamente en medio año. La energía interna, Qi, causa eventualmente un refinamiento de los movimientos en el cuerpo y todas sus articulaciones. Luego uno será capaz de alcanzar el nivel de canalizar el flujo interno de la energía por movimientos externos.

Luego, el Nivel 1 de Gong Fu comienza con el dominio de posturas únicas, para que paso a paso podamos descubrir y comprender las fuerzas internas y externas del cuerpo. Las habilidades marciales que pueden ser alcanzadas en el Nivel 1 son muy limitadas. Esto es porque en esta etapa las acciones individuales no son muy coordinadas o sistemáticas. Las etapas individuales aún no son correctas así que la energía o la fuerza involucrada permanece rígida y fraccionada, débil o alternativamente muy fuerte. Mientras practicamos la forma aparece para nosotros muy vacía o muy angular. Mientras seamos capaces de percibir la energía interna, no estamos en condiciones de canalizarla a cada sección de cuerpo a través de un movimiento. Consecuentemente aún no somos capaces de conducir energía directamente desde los talones a las piernas en orden a luego descargarlas mientras mantenemos control sobre las caderas. El principiante se mantiene limitado a transferir solo parcialmente la fuerza de una sección a otra del cuerpo. De esta manera el Nivel 1 de Gong Fu no puede ser usado como un método de defensa personal.

Si uno pudiese, de alguna manera, intentar probar en una persona sin experiencia en artes marciales hasta cierto punto podríamos ver un efecto. Posiblemente la otra persona aún no ha aprendido las aplicaciones del Taijiquan, y el discípulo, por medio del engaño puede triunfar y lanzar a su oponente al piso, pero incluso él tampoco será capaz de mantener su propio balance. Este estado es descrito como : 10 por ciento Yin y 90 por ciento Yang.

¿Pero qué son Yin y Yang?

En el contexto del Taijiquan, Yin es el vacío, mientras Yang encarna lo lleno. La suavidad y delicadeza son Yin, la fuerza y dureza son Yang. Yin y Yang son la unión de los opuestos. Así como ninguno de los dos puede ser dejado a un lado, ambos pueden sustituir al otro o cambiar y transformarse en el otro. Si alguien es capaz de sostener Yin y Yang en balance en sí mismo, lo llamamos 50 por ciento, así la persona puede hacer uso de su 100 por ciento. Esto puede ser el más alto nivel e indicar éxito en la práctica del Taijiquan.

Durante el Nivel 1 en Taiji – Gong Fu, es muy normal quedar limitado al 10 por ciento de Yin y 90 por ciento de Yang. Esto significa que las habilidades marciales son más duras que delicadas, y un desbalance prevalece entre Yin y Yang. El estudiante no es capaz de reemplazar lo duro con lo suave, o realizar las aplicaciones de manera fácil y con simplicidad. En este punto, cuando el estudiante está en Nivel 1, no debe ser tan entusiasta en alcanzar la adaptabilidad de un movimiento aislado.

COMENTARIO

Cuando practicamos Taijiquan los principios para las diferentes partes del cuerpo son:

- *la alineación vertical del cuerpo*
- *ajustar la cabeza y el cuello como si el cuerpo estuviera suspendido desde arriba*
- *relajar hombros y hundir los codos*
- *relajar caderas y pecho, permitiéndoles que se hundan*
- *flectar las rodillas ligeramente y relajar la zona abdominal baja*

Entregadas estas condiciones, la energía interna bajará al Dantian de una manera natural. Los principiantes no serán capaces de dominar estos puntos inmediatamente. Durante el ejercicio la atención debe estar puesta en que las posiciones del cuerpo tengan la alineación correcta, y que brazos y piernas estén correctamente coordinados. Durante esta fase el practicante no debe enfocarse mucho en los requerimientos de cada parte del cuerpo en relación al movimiento.

Esto es porque puede dejar la tensión en el cuerpo una vez más. Es más o menos lo mismo cuando no somos lo suficientemente buenos en algo, pero queremos mucho más. Es importante aceptar calmadamente el lento proceso de aprendizaje, porque a la larga esta es la forma más rápida de dominar Taijiquan.

Simplificaciones relativas son aceptadas.

Un ejemplo : Para la cabeza y la parte superior del cuerpo es importante que el cuello esté erecto mientras el cuello y las caderas se hunden. En el Nivel 1 es suficiente asegurar que la cabeza y el cuerpo se sostienen en una posición natural, que nada se incline hacia adelante o hacia atrás, muy a la derecha o hacia la izquierda. Es como aprender caligrafía: en un comienzo es importante asegurar que las líneas estén apropiadamente dibujadas. Por lo tanto en un comienzo los movimientos pueden sentirse firmes o sólidos desde afuera pero vacíos por dentro.

Aquí queda claro cuán ambivalente se puede ser: en una mano soy tan rígido e indefenso, tengo la sensación que nada funciona, en la otra mano tengo la sensación que ya se siente bien. Aparece "sólido desde afuera pero vacío por dentro".

O uno puede encontrarse rígido dando golpes o puñetazos. O uno puede tener un repentino alzamiento o colapso del torso. La fuerza que aplicamos puede no ser continua o ser excesiva. Estos errores son normales en un comienzo.
Aquellos que son dedicados lo suficiente y entrenan cada día pueden aprender la forma aproximadamente en medio año.

Cuando leemos esta especificación debes tener en mente que fue escrita por un hombre que está inmerso en la tradición y se arrima a lo clásico – original. Esta especificación asume una relación profesor / alumno en donde ambos viven juntos y entrenan juntos intensamente cada día. Esto va también para los años de Niveles 2, 3, 4 y 5, esto no es aplicable para quien va a un grupo de clases dos veces a la semana.

La energía interna, Qi, causa eventualmente un refinamiento de los movimientos en el cuerpo y todas sus articulaciones. Luego uno será capaz de alcanzar el nivel de canalizar el flujo interno de la energía por movimientos externos.

Esto significa que puedo ciertamente tener una conciencia del Qi durante el Nivel 1, pero primero debo dominar las formas y posturas.

Así que, el Nivel 1 de Gong Fu comienza con el dominio de posturas únicas, para que paso a paso podamos descubrir y comprender las fuerzas internas y externas del cuerpo. Las habilidades marciales que pueden ser alcanzadas en el Nivel 1 son muy limitadas. Esto es porque en esta etapa las acciones individuales no son muy coordinadas o sistemáticas. Las etapas individuales aún no son correctas, así que la energía o la fuerza involucrada permanece rígida y fracmentada, débil o alternativamente muy fuerte. Mientras practicamos la forma aparece para nosotros muy vacía o muy angular.

Esto nos recuerda el término "fang song". Este término chino para "relajación" significa no ser "flácidos", así como cuando nos recostamos en un sofá a ver televisión. "Fang song" incorpora el grado de relajación que nos permite un funcionamiento óptimo para una trasmisión energética. Tampoco significa vacío o angular sino justamente en el medio, en ese lugar donde todo se armoniza entre sí.

Mientras seamos capaces de percibir la energía interna, no estamos en condiciones de canalizarla a cada sección de cuerpo a través de un movimiento. Consecuentemente aún no somos capaces de conducir energía directamente desde los talones a las piernas en orden a luego descargarlas mientras mantenemos control sobre las caderas. El principiante se mantiene limitado a transferir solo parcialmente la fuerza de una sección a otra del cuerpo. De esta manera el Nivel 1 de Gong Fu no puede ser usado como un método de defensa personal.

Si uno pudiera, de alguna manera, intentar probar en una persona sin experiencia en artes marciales hasta cierto punto podríamos ver un efecto. Posiblemente la otra persona aún no ha aprendido las aplicaciones del Taijiquan, y el discípulo, por medio de engaño puede triunfar y lanzar a su oponente al piso, pero incluso él tampoco será capaz de mantener su propio balance.

Esto puede ocurrir, por ejemplo, con un truco para el cual el otro no esté preparado.

Este estado es descrito como: 10 por ciento Yin y 90 por ciento Yang.
¿Pero qué son Yin y Yang?
En el contexto del Taijiquan, Yin es el vacío, mientras Yang encarna lo lleno. La suavidad y delicadeza son Yin, la fuerza y dureza son Yang. Yin y Yang son la unión de los opuestos. Así como ninguno de los dos puede ser dejado a un lado, ambos pueden sustituir al otro o cambiar y transformarse en el otro. Si alguien es capaz de sostener Yin y Yang en balance en sí mismo, lo llamamos 50 por ciento, así la persona puede hacer uso de su 100 por ciento.

Este principio del 50/50 no debe ser entendido de una manera exacta y de rígida matemática, pero sí como el símbolo del Yin – Yang , como algo que fluye y cambia. El punto es crear una armonía balanceada entre los dos polos de Yin y Yang, incluso si en el ritmo de un día a lo mejor hay más Yin o más Yang. Lo importante es que exista un balance en general. Como una analogía: el sol no siempre brilla hasta las 3pm y luego llueve hasta las 6pm, pero a veces el sol brilla, y a veces llueve, así todo crece y prospera y está en armonía uno en otro.

El balance de 50 por ciento Yin y 50 por ciento Yang es el nivel más alto o un indicador de éxito en la práctica del Taijiquan. Esto sería Nivel 5.

Durante el Nivel 1 en Taiji – Gong Fu, es muy normal quedar limitado al 10 por ciento de Yin y 90 por ciento de Yang. Esto significa que las habilidades marciales son más duras que delicadas, y un desbalance prevalece entre Yin y Yang. El estudiante no es capaz de reemplazar lo duro con lo suave, o realizar las aplicaciones de manera fácil y con simplicidad.

Lo simple y fácil solo puede ocurrir cuando los bloqueos internos cesan. Cuando hay trabajo energético, denodadamente o con tensión, no puedo ejecutar movimientos sin esfuerzo porque constantemente choco conmigo mismo. Incluso si trato de hacerlos sin esfuerzo, no puedo, a menos que los haga vacíos,[5] lo que significa sin conectarlos en el cuerpo, pero luego no tendrán efecto.

---

[5] El término "vacío" ('kong') es usado en dos diferentes formas con Taijiquan. En sentido negativo describiendo un movimiento sin sustancia, sin efecto. En un sentido positivo es "vacuidad", un principio esencial de las 13 técnicas básicas del Taijiquan y el más alto objetivo de conciencia.

En este punto, cuando el estudiante está en Nivel 1, no debe ser tan entusiasta en alcanzar la adaptabilidad de un movimiento aislado.

Aquí encontramos el razonamiento de por qué en el Taijiquan clásico uno no puede aprender Empuje de Manos u otra aplicación en un comienzo. No hay efecto. Eres bienvenido a hacerlo, pero no se logrará nada. Esto es porque las técnicas no funcionan por sí solas, sino por el Gong Fu detrás de ellas. Esto significa que hablamos de un nivel donde las técnicas funcionan independientemente de si el oponente sabe o no o si se defiende o no. Nada de eso juega un gran lugar ya. Mientras el otro no sepa o mi éxito se base en un ataque sorpresa estoy usando vivacidad. Esto no tiene mucho que ver con Gong Fu. Gong Fu es algo más fundamental.

Este último punto implica que los cursos de defensa personal que están limitados a unas pocas semanas de entrenamiento no son muy efectivos. Incluso pueden estar siendo engañosos entregando un falso sentido de confianza. De pronto puedes estar entrando a un "parque oscuro" al cual normalmente no entrarías simplemente porque completaste el curso.

Maestro Jan Silberstorff

Gran Maestro Chen Xiaowang

NIVEL 2 DE TAIJIQUAN

TEXTO CHINO ORIGINAL

第二层功夫

从第一层功夫末期，有内气活动的感觉开始至第三层功夫的初期，为第二层功夫。第二层功夫是进一步克服练拳时身体内外产生的僵劲、丢顶和动作不协调的现象，使内气按照拳架动作的要求有规律地在体内运行，达到一气贯通，内外协调一致。

完成第一层功夫，已经能够熟练地按照逐势动作初步的要求来练习，有了内气活动的感觉，但还不能掌握内气在体内运行，其原因主要有二：其一，对身体各个部位的具体要求和互相配合的关系皆未准确地掌握，如：含胸过度则弯腰弓背，塌腰过度则挺胸凸臀，因此必须进一步严格地要求，准确地掌握身体各个部位的要求和相互之间的关系，解决矛盾，使之统一起来，达到周身相合（即内合和外合。内合——心与意合、气与力合、筋与骨合，外合——手与足合、肘与膝合、肩与髋合），内外俱开，同时开中寓合，合中寓开，一开一合，开合相承。其二，在练拳当中出现顾此失彼的现象，即某个部位动作较快，过了，产生顶劲；某个部位动作较慢，不及，产生丢劲，二者皆违背了太极拳的运动规律。陈式太极拳要求一举一动都不离缠丝劲。拳论中说："缠丝劲发源于肾，处处皆有，无时不然"。在练习太极拳的过程中，严格掌握缠丝法（即缠绕螺旋的运动方法）和缠丝劲（即用缠丝法练出来的劲），需在松肩沉肘、含胸塌腰、开髋屈膝等要求下，以腰为轴，节节贯串。手往里旋转，以手领肘，以肘领肩，以肩领腰（指的是该侧的腰，实质上还是以腰为轴）；手往外旋转，以腰催肩，以肩催肘，以肘催手。表现在上肢是旋腕转膀，表现在下肢是旋踝转腿，表现在躯干是旋腰转背，三者结合起来，形成一条根在脚、主宰于腰而形于手指的空间旋转曲线。在练拳的过程中，如果感到某一动作有不得势或不得劲之处，就可以依据缠丝劲顺遂调整一下腰腿，以求得动作协调，这样即可使动作得到纠正。所以，在注意身体各部位的要求，使之周身相合的同时、掌握缠丝法和缠丝劲的运动规律，是第二层功夫练习过程中解决矛盾的手段和自我纠正的方法。

在第一层功夫期间，练拳者开始学拳架，架子熟练就能感觉到内气在身体内活动，于是很感兴趣，不会有厌倦之感。但有的进入第二层功夫，却感到没有什么新鲜之处，同时往往对要领产生误解，掌握不准确，练起来很别扭，或者有时候练得非常顺遂，发劲也是呼呼带风，但推手时却用不上，因此容易产生烦闷情绪，失去信心而中断。只有以百折不挠的精神，处处循规蹈矩，刻苦盘架子，把周身练成一体，一动全动，组成一个完整的体系，才能达到在运动中不丢不顶，任其变化、圆转自如。常言道：理不明，延明师，路不清，访良友；理明路通，持之以恒，终将成功。拳论中说："人人各具一太极，但看用功不用功"。又说："只要用功之久，而一旦豁然贯通矣!"一般需四年即可完成第二层功夫。达到一气贯通的程度，便会恍然大悟，此时练拳信心百倍，越练兴趣越高，欲罢不能。

第二层功夫初期的技击表现与第一层功夫的技击表现一样，实用价值不大。第二层功夫末期已经接近第三层功夫，尚有一定的技击作用。下面按照第二层功夫中期阶段的技击表现进行介绍（以下第三、四、五层都按中期阶段的技击表现进行介绍）。

推手和练拳是分不开的，练拳时存在什么问题，在推手时就会出现什么破绽，给对方以可乘之机。所以太极拳要求周身相随，切勿妄动。推手时要求"掤捋挤按须认真，上下相随人难侵，任他巨力来打我，牵动四两拨千斤"。第二层功夫是寻求内气贯通、调整身法、达到节节贯串的阶段，而调整身法的过程就是妄动，因而在推手时还无法指挥如意，对方会专门寻找这些薄弱环节，或者故意诱使你产生顶、匾、丢、抗的毛病而出奇制胜。因为推手时对方的进攻不会给你调整身法的时间，而是利用你的缺陷，乘隙而入，使你受力失重，或被迫退步，勉强地化去来力。当然，如果对方进攻速度较慢，劲力短，进逼不紧，给了调整身法的余地，你也能比较理想地化掉对方的进攻。总之，第二层功夫期间，不管进攻和走化都是勉强的，往往是先下手为强，后下手遭殃。此时尚未完全达到舍己从人，随机应变，虽能走化，但还易出现丢匾和顶抗等毛病。因此，在推手时不能按掤捋挤按的次序进行，所以说："二阴八阳是散手"。

TRADUCCIÓN

El Nivel 2 comienza en la última etapa del Nivel 1, cuando el estudiante es capaz de percibir el flujo de energía interna, Qi, y concluye en la primera etapa del Nivel 3. El Nivel 2 aún se ocupa de resolver imperfecciones, por ejemplo:

- fuerza rígida se vuelve evidente durante el entrenamiento del Taijiquan
- poco o excesivo trabajo de fuerza
- movimientos no-coordinados

Resolver imperfecciones entrega un flujo orgánico de la energía interna a través del cuerpo de una manera que es consistente con los requerimientos de cada movimiento. Al final este esfuerzo debe llevar a un flujo suave del Qi a través del cuerpo. Esto creará una coordinación entre la energía interna y el movimiento externo.

Cuando un alumno ha dominado el Nivel 1, debería ser capaz de generar los requerimientos que cada postura o movimiento demanda. El alumno es capaz de percibir el flujo interno de energía, incluso si no es capaz de controlarlo aún. Hay dos razones para ello.

Primero: El estudiante aún no tiene el suficiente dominio de distinguir requerimientos necesarios para cada parte del cuerpo y su coordinación. Si, por ejemplo, el pecho se hunde demasiado, ni la cadera ni la espalda estarán derechas. O, si la cadera y cintura están muy relajadas, el pecho y las nalgas se proyectarán. Por lo tanto, existe una necesidad de precisión en orden a cumplir con los requerimientos de todas las partes del cuerpo para que puedan moverse como uno.

Esto permite al cuerpo entero integrarse y en conformidad ser una unidad. Lo último significa coordinación entre la unidad interna y externa o su integración. Una integración interna implica la coordinación de corazón (xin) y mente (yi), de energía interna (qi) y fuerza (li), de tendones (jin) y huesos (gu). La integración externa de los movimientos implica la coordinación y unión de las manos con los pies, los codos con las rodillas, y los hombros con las caderas. Al mismo tiempo el cuerpo debería estar abierto en otras secciones, luego movimientos de apertura y cierre se unen y completan entre sí.

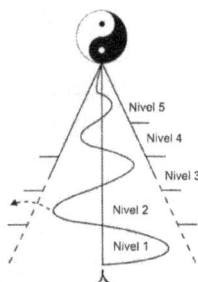

Segundo: El estudiante encuentra difícil el controlar y sincronizar varias secciones del cuerpo. Esto puede, por ejemplo, causar que una parte del cuerpo se mueva más rápido que el resto, lo que resulta en mucha mayor fuerza. O que una parte del cuerpo se mueva muy lento comparado con el total, o que se mueva sin la suficiente fuerza. En el camino la fuerza total no se desarrollaría. Ambos fenómenos se contradicen con el principio del Taijiquan. Cada movimiento en Taijiquan Chen debe ajustarse al principio del ejercicio del Hilado de Seda (o "Can Si Gong"). En términos de teoría de Taijiquan el "Can Si Jin", "el poder de girar la hebra de seda" emerge desde los riñones y es encontrado en todo momento en todas las secciones del cuerpo. Esto permite al cuerpo completo integrarse de una manera coordinada, e incluye la unión de movimientos internos y externos.

La integración interna implica la fusión de corazón y mente, de energía interna y fuerza, y de tendones y huesos. Integración externa implica la fusión de manos y pies, codos y rodillas y hombros y cadera. Cada movimiento encuentra su correspondencia. Durante el proceso de aprender Taijiquan, el método del Hilado de Seda y la fuerza que emerge de él no puede llevarse a cabo hasta que:

- hombros, codos, pecho y caderas están tan relajados y permeables como el vientre y las rodillas.
- la cadera es el pivote de todos los movimientos del cuerpo.

Cuando empezamos a rotar nuestras manos en el sentido de las agujas del reloj, las manos mueven los codos y esto mueve los hombros. Los hombros mueven la cadera del lado correspondiente. En realidad, es siempre desde la cadera donde nace el movimiento. Cuando las manos están rotando en el sentido de las agujas del reloj, la cadera debe guiar al hombro, lo que guiará al codo, lo que guiará a la mano.

La parte superior del cuerpo, las muñecas y los brazos deben girar, eso es, realizar movimientos circulares, mientras la parte inferior del cuerpo, los tobillos y piernas deben rotar. De la misma forma el torso, la cadera y la espalda se mueven por la rotación.

Mientras construimos los movimientos a través de las tres secciones del cuerpo, deberemos ser cuidadosos sobre la conexión en espiral en este espacio. La conexión en espiral comienza en las piernas, es centrada en la cadera y termina en los dedos. Si el practicante no se siente cómodo durante ciertas partes de la forma, debe corregir la posición de las piernas y caderas de acuerdo al movimiento para coordinar todas las secciones del cuerpo para que el flujo de energía del Hilado de Seda (Can Si Jin) pueda ser creada. De esta manera cada error puede ser corregido. Ahora prestamos atención a todos los requerimientos para que cada parte del cuerpo pueda alcanzar una coordinación del cuerpo completo, luego practicar el ritmo de cada ejercicio de Hilado de Seda y la fuerza resultante de ella. Es una forma de resolver todos los conflictos que pueden ocurrir. Este método de auto – corrección de cada error es usado durante los ejercicios de Taijiquan una vez que hemos dominado el Nivel 2 de Taiji-Gong Fu.

Durante el Nivel 1 de Taiji-Gong Fu, el estudiante aprende varias formas. Después que se haya familiarizado con ellas él puede percibir el flujo de energía interna en el cuerpo. Durante esta fase él puede sentirse fascinado y motivado, cada sesión de entrenamiento conlleva nuevas impresiones. Después de entrar al Nivel 2 de Taiji-Gong Fu él puede sentir que ya no está aprendiendo nada nuevo. Al mismo tiempo, él puede malinterpretar varios y cruciales aspectos. El estudiante no ha dominado suficientemente estos puntos, y se sentirá poco hábil en estos movimientos. Al contrario, el estudiante puede ejecutar la forma de una manera suave y sutil. El sentirá que es capaz de emanar una cantidad de fuerza. De cualquier forma no es capaz de verificar esto durante el Empuje de Manos. Algunos estudiantes luego pierden interés o confianza, dejando de lado su entrenamiento.

La única manera de alcanzar un nivel donde la suficiente fuerza esté envuelta, no muy fuerte o muy débil, donde los asuntos puedan conscientemente aplicarse, permitiéndole a uno moverse de manera eficiente con simpleza, es a través de la resistencia y ateniéndose a los principios. El estudiante debe practicar la forma de una manera muy determinada para que los movimientos de todo el cuerpo se alineen y coordinen. El resultado será una actividad que puede ser liberada por un solo movimiento dentro de cualquier parte del cuerpo. De esta manera se crea un sistema inherente y completo de movimiento.

Existe un refrán que dice:

"Si el principio no está claro consulta al profesor. Si el camino no se ve claro, busca la ayuda de un amigo. Cuando ambos, el principio y el método han sido entendidos y entrenados y se ha hecho con persistencia, el éxito prevalecerá".

Se dice en textos clásicos de Taijiquan que todos pueden alcanzar altos objetivos si solo se mantienen trabajando lo suficientemente duro, y si el alumno persiste el éxito puede materializarse.

Generalmente podemos decir que la mayoría de la gente es capaz de llegar a un Nivel 2 de Taiji-Gong Fu en cuatro años. Alguien que ha llegado a un estado donde percibe un flujo suave de Qi dentro del cuerpo de pronto comenzará a comprender. El estudiante en este punto tendrá confianza y entusiasmo y entrenará con alegría. ¡En algunos casos un fuerte deseo puede resultar en querer practicar más y más y nada lo detendrá!

Al comienzo del Nivel 2 las habilidades marciales son similares al Nivel 1 del Taiji-Gong Fu. Las habilidades no son suficientes aún para una aplicación real. Al final del Nivel 2 y el comienzo del Nivel 3, las habilidades marciales estarán logradas con un cierto alcance.

La siguiente secuencia trata de las habilidades en artes marciales, lo que se debe establecer a mitad de camino del Nivel 2. Esto será descrito separadamente en los siguientes niveles.

El entrenamiento de Empuje de Manos (Tui Shou) y la práctica de Taijiquan (formas) no pueden ser por separado. Atajos y simplificaciones que nos hayamos permitido durante las prácticas aparecerán como un punto débil en Empuje de Manos. Esto permitirá al oponente el tomar ventaja de nosotros. Aun así debemos tomar en cuenta, otra vez, que durante nuestro entrenamiento cada parte de nuestro cuerpo esté entrelazada y coordinada con otra. Movimientos innecesarios no deben ser realizados.

En Empuje de Manos "peng" (repeler), "lu" (evitar), "ji" (presionar) y "an"(empujar) deben ser ejecutados con un grado de precisión para que las mitades superior e inferior del cuerpo trabajen en armonía. De esta manera será muy difícil para nuestro oponente atacarnos. El proverbio dice: "Sea cual sea la cantidad de fuerza que es ejercida, yo movilizo 4 onzas para desviar 1000 libras" (4 onzas = 113 gramos / 1000 libras = 453 kilos).

El Nivel 2 de Taiji-Gong Fu aspira por la corrección independiente de cada movimiento a lograr el fluir continuo y suave del Qi en nuestro cuerpo. Aún más, pretende llegar a un estado donde el Qi dentro del cuerpo permee cada articulación en la medida que es requerida por cada secuencia. Este proceso de ajustar cada movimiento envuelve necesariamente el uso temporal de movimientos no importantes y no coordinados. Por eso no es aún posible en esta fase aplicar habilidades de artes marciales durante Empuje de Manos de una manera controlada. El oponente se enfocará en nuestros puntos débiles. Se centrará en vencer al aprendiz explotando el error o sobre esfuerzo, colapsando, cayendo o por la confrontación directa de fuerzas. Durante el Empuje de Manos el oponente que avanza no dará tiempo al aprendiz para corregir su movimiento de manera completa. El oponente explotará las debilidades del aprendiz para atacar y sacarlo de balance o lo obligará a retroceder en orden a evitar que la fuerza continúe sobre él. Si el oponente ataca con menos fuerza o suavemente y en conjunto se mueve lentamente el aprendiz tendrá tiempo de reajustar su cuerpo. De esta manera él tenga quizás la manera de lidiar con el ataque de una manera más satisfactoria. En los términos de la discusión anterior, no es posible en el Nivel 2 de Taiji-Gong Fu el realizar un ataque o una defensa sin un gran esfuerzo. En este Nivel es generalmente una ventaja ser el primero en empezar un ataque. La persona forzada a reaccionar estará en una posición menos favorable. En este Nivel uno no es capaz aún de "olvidarse de uno mismo" o igualar los movimientos del oponente. No hay una ventaja que pueda ser obtenida de los movimientos del otro, así como uno no es capaz de adaptarse a los cambios y seguirlos. Mientras uno es capaz de esquivar o repeler un ataque, uno seguirá cometiendo errores fácilmente, así como caerse o colapsar, fatigarse excesivamente o resistirse a la fuerza.

LOS 5 NIVELES DEL TAIJIQUAN

Por todas estas razones, el estudiante no es capaz de actuar durante el Empuje de Manos de acuerdo a los principios de "peng", "lu", "ji" y "an". En esta etapa una persona está caracterizada por un 20 por ciento Yin y 80 por ciento Yang. Esto es descrito como "una nueva e indisciplinada mano".

Gran Maestro Chen Xiaowang

COMENTARIO

El Nivel 2 comienza en la última etapa del Nivel 1, cuando el estudiante es capaz de percibir el flujo de energía interna, Qi, y concluye en la primera etapa del Nivel 3. El Nivel 2 aún se ocupa de resolver imperfecciones, por ejemplo:

- *fuerza rígida se vuelve evidente durante el entrenamiento del Taijiquan*
- *poco o excesivo trabajo de fuerza*
- *movimientos no-coordinados*

Esto no es usar más o menos fuerza. Es además importante que en momentos no uso la fuerza necesaria. Esto está conectado al tipo de relajación, movimientos no coordinados, así como la calidad de la fuerza.

Resolver imperfecciones entrega un flujo orgánico de la energía interna a través del cuerpo de una manera que es consistente con los requerimientos de cada movimiento. Al final este esfuerzo debe llevar a un flujo suave del Qi a través del cuerpo. Esto creará una coordinación entre la energía interna y el movimiento externo.

Cuando un alumno ha dominado el Nivel 1, debería ser capaz de generar los requerimientos que cada postura o movimiento demanda. El alumno es capaz de percibir el flujo interno de energía, incluso si no es capaz de controlarlo aún. Hay dos razones para ello.

Primero: El estudiante aún no tiene el suficiente dominio de distinguir requerimientos necesarios para cada parte del cuerpo y su coordinación.

Esto ha sido dicho ya en la introducción: educación básica – media – universidad. Cualquiera que no acepte esto y quiera progresar muy rápido no llegará a ciertos niveles.

Si, por ejemplo, el pecho se hunde demasiado, ni la cadera ni la espalda estarán derechas. O, si la cadera y cintura están muy ralajadas, el pecho y las nalgas se proyectarán. Por lo tanto, existe una necesidad de precisión en orden a cumplir con los requerimientos de todas las partes del cuerpo para que puedan moverse como uno.

Esto permite al cuerpo entero integrarse y en conformidad ser una unidad. Lo último significa coordinación entre la unidad interna y externa o su integración. Una integración interna implica la coordinación de corazón (xin) y mente (yi), de energía interna (qi) y fuerza (li), de tendones (jin) y huesos (gu). La integración externa de los movimientos implica la coordinación y unión de las manos con los pies, los codos con las rodillas, y los hombros con las caderas. Al mismo tiempo el cuerpo debería estar abierto en otras secciones, luego movimientos de apertura y cierre se unen y completan entre sí.

Esto es porque si hay solo cierre, se separará, si hay solo apertura, se separará de nuevo. Esto significa que si algo está cerrado en algún punto, algo más debe estar abierto en otro lugar. En el caso de "Wai San He", la relajación en la conexión es la apertura en el cierre.

Segundo: El estudiante encuentra difícil el controlar y sincronizar varias secciones del cuerpo. Esto puede, por ejemplo, causar que una parte del cuerpo se mueva más rápido que el resto, lo que resulta en mucha mayor fuerza.

Sabemos esto, por ejemplo, cuando hacemos un movimiento en donde el hombro se mueve más rápido que el centro. Ahora la fuerza del hombro no está conectada con la fuerza del centro. Este sobre esfuerzo del hombro no lleva a un mayor impacto, por el contrario es menos efectivo.

O que una parte del cuerpo se mueva muy lento comparado con el total, o que se mueva sin la suficiente fuerza. En el camino la fuerza total no se desarrollaría. Ambos fenómenos se contradicen con el principio del Taijiquan. Cada movimiento en Taijiquan Chen debe ajustarse al principio del ejercicio del Hilado de Seda (o "Can Si Gong"⁶).

En términos de teoría de Taijiquan el "Can Si Jin", "el poder de girar la hebra de seda" emerge desde los riñones y es encontrado en todo momento en todas las secciones del cuerpo. Esto permite al cuerpo completo integrarse de una manera coordinada, e incluye la unión de movimientos internos y externos.

Esto significa que tenemos que aprender cómo un movimiento externo alcanza un movimiento interno el cual debemos luego armonizar con el movimiento externo.

De acuerdo con la antigua tradición Daoista el "Qi"

---

⁶"Cansigong", "Ejercicio del Hilado de Seda" ilustra el principio decisivo del movimiento del Taijiquan. Es como si el cuerpo hilara seda. No está permitido el dividir o atascarse en los movimientos. Estos "hilos" están siendo desenroscados y unidos por el Dantian continuamente. Esta es una imagen que simboliza el concepto de guiar la energía continuamente a través del cuerpo.

esencial se origina en los riñones. Es luego recolectado por el Dantian y canalizado a través del cuerpo.

La integración interna implica la fusión de corazón y mente, de energía interna y fuerza, y de tendones y huesos. Integración externa implica la fusión de manos y pies, codos y rodillas y hombros y cadera. Cada movimiento encuentra su correspondencia. Durante el proceso de aprender Taijiquan, el método del Hilado de Seda y la fuerza que emerge de él no puede llevarse a cabo hasta que:

- *hombros, codos, pecho y caderas están tan relajados y permeables como el vientre y las rodillas.*
- *la cadera es el pivote de todos los movimientos del cuerpo.*

Esto significa que el cuerpo completo es permeable, el cuerpo completo está conectado y existe un centro para el movimiento como un todo.

Cuando empezamos a rotar nuestras manos en el sentido de las agujas del reloj, las manos mueven los codos y esto mueve los hombros. Los hombros mueven la cadera del lado correspondiente. En realidad, es siempre desde la cadera donde nace el movimiento. Cuando las manos están rotando en el sentido de las agujas del reloj la cadera debe guiar al hombro, lo que guiará al codo, lo que guiará a la mano.

Esto es una descripción para el ciclo interno de la energía. O mejor: es una secuencia externa de movimiento que es iniciado por un ciclo de energía interna. Los ciclos de energía que van al centro, los llamados flujos Yin, comienzan en los dedos y van por los hombros y caderas hacia el Dantian. Los llamados flujos Yang comienzan en el Dantian y van a través del Mingmen subiendo por la espina a través de los hombros hacia los dedos. Y así como el empujar o tirar una carreta, un movimiento, incluso si empieza en la mano, estará guiado por el centro (Dantian).

La parte superior del cuerpo, las muñecas y los brazos deben girar, eso es, realizar movimientos circulares, mientras la parte inferior del cuerpo, los tobillos y piernas deben rotar. De la misma forma el torso, la cadera y la espalda se mueven por la rotación.

Esto en un poco difícil de comprender, pero muy simple en realidad. Significa que el tronco, la cadera y la espalda giran de un manera que les acomoda, que las piernas, pies y rodillas también rotaran de una manera apropiada para ellas, y lo mismo para manos y brazos.

Este giro, o rotación de las diferentes partes del cuerpo no se ve igual, los movimientos espirales de las caderas, por ejemplo, pasa más inadvertido que el de los brazos. Un principiante puede ver solo como los brazos se mueven en espiral y no como lo hacen las piernas y cada secuencia que se construye sobre sí misma en espiral, pero todas ellas están conectadas y resultan en uno solo.

Mientras construimos los movimientos a través de las tres secciones del cuerpo, deberemos ser cuidadosos sobre la conexión en espiral en este espacio. La conexión en espiral comienza en las piernas, es centrada en la cadera y termina en los dedos. Si el practicante no se siente cómodo durante ciertas partes de la forma, debe corregir la posición de las piernas y caderas de acuerdo al movimiento para coordinar todas las secciones del cuerpo para que el flujo de energía de Hilado de Seda (Can Si Jin) pueda ser creada. De esta manera cada error puede ser corregido.

Cuando de esta manera consideramos los requerimientos a cada parte del cuerpo se vuelve una investigación sobre nosotros mismos como un vehículo. Esto implica una examinación exacta de los contenidos y no solo una repetición inconsciente de la forma.

Ahora prestamos atención a todos los requerimientos para que cada parte del cuerpo pueda alcanzar una coordinación del cuerpo completo, luego practicar el ritmo de cada ejercicio de Hilado de Seda y la fuerza resultante de ella. Es una forma de resolver todos los conflictos que pueden ocurrir. Este método de auto – corrección de cada error es usado durante los ejercicios de Taijiquan una vez que hemos dominado el Nivel 2 de Taiji-Gong Fu.

Aquí encontramos una pista para corregirnos a nosotros mismos. En este nivel, de cualquier forma, nadie espera que pueda hacerlo.

Durante el Nivel 1 de Taiji-Gong Fu, el estudiante aprende varias formas. Una vez que se haya familiariazado con ellas él puede percibir el flujo de energía interna en el cuerpo. Durante esta fase él puede sentirse fascinado y motivado, cada sesión de entrenamiento conlleva nuevas impresiones. Después de

*entrar al Nivel 2 de Taiji - Gong Fu él puede sentir que
ya no está aprendiendo nada nuevo. Al mismo tiempo, él
puede malinterpretar varios y cruciales aspectos.*

El peligro en este punto es que aún no puedo capturar la
teoría en toda su profundidad o la considero muy
superficial y por lo tanto pierdo interés. Me vuelvo poco
atento a las enseñanzas o entrenamiento porque yo creo
que ya sé lo suficiente. Esto es una gran trampa. Esta
trampa además captura profesores entrenados una vez que
pierden "la mente del principiante".

*El estudiante no ha dominado suficientemente estos
puntos, y se sentirá poco hábil en estos movimientos. Al
contrario, el estudiante puede ejecutar la forma de una
manera suave y sutil. Y él sentirá que es capaz de emanar
una cantidad de fuerza. De cualquier forma él no es
capaz de verificar esto durante Empuje de Manos.
Algunos estudiantes luego pierden interés o confianza,
dejando de lado su entrenamiento.*
*La única manera de alcanzar un nivel donde la suficiente
fuerza esté envuelta, no muy fuerte o muy débil, donde los
asuntos puedan conscientemente aplicarse, permitiéndole
a uno moverse de manera eficiente con simpleza, es a
través de la resistencia y ateniéndose a los principios.*

Aquí es muy importante continuar con simpleza, a pesar
de una aparente perdida de perspectiva, simplemente
continuar. ¡Confía y continúa!

*El estudiante debe practicar la forma de una manera muy
determinada para que los movimientos de todo el cuerpo
se alineen y coordinen. El resultado será una actividad*

que puede ser liberada por un solo movimiento dentro de cualquier parte del cuerpo. De esta manera se crea un sistema inherente y completo de movimiento.

Existe un refrán del libro "Taijiquan Tu Shou" de Chen Xin, que se origina a principios del siglo pasado que dice:

"Si el principio no está claro consulta al profesor. Si el camino no se ve claro , busca la ayuda de un amigo.

El profesor está ahí para solucionar el problema completo y, en conjunto con el estudiante, clarificar sus dificultades personales. La clarificación de las dificultades con la ayuda de un amigo es como una terapia, es ayuda en el momento en que lo necesito, en donde necesito apoyo y conversar.

Esto significa que para el actual nivel de instrucción de contenidos yo debería consultar al profesor. Para todo el intercambio de opiniones e ideas personales es mejor, de cualquier manera, no abrumar al profesor y mejor discutirlo con compañeros y amigos.

Chen Xin continúa:

Cuando ambos, el principio y el método han sido entendidos y entrenados y se han hecho con persistencia, el éxito prevalecerá".

Así que continúa practicando diligentemente porque:

Se dice en textos clásicos de Taijiquan que todos pueden alcanzar altos objetivos si solo se mantienen trabajando lo suficientemente duro, y si el alumno persiste, el éxito puede repentinamente materializarse.

Este "repentinamente" es una palabra interesante en esta parte, es muy usada en el libro de Chen Xin. En definitiva nada ocurre "repentinamente" sin que exista un pre – desarrollo.

Generalmente podemos decir que la mayoría de la gente es capaz de llegar a un Nivel 2 de Taiji-Gong Fu en cuatro años. Alguien que ha llegado a un estado donde percibe un flujo suave de Qi dentro del cuerpo de pronto comenzará a comprender. El estudiante en este punto tendrá confianza y entusiasmo y entrenará con alegría. ¡En algunos casos un fuerte deseo puede resultar en querer practicar más y más y nada lo detendrá!

Ahora estamos fuera del bosque. Ahora practicamos porque queremos y no tenemos que forzarnos a ir al lugar de práctica todos los días. También comienza a ser raro que "no tengamos tiempo para practicar" porque no nos permitimos a nosotros mismo distraernos mucho.

Al comienzo del Nivel 2 las habilidades marciales son similares al Nivel 1 del Taiji - Gong Fu. Las habilidades no son suficientes aún para una aplicación real.

Una aplicación ahora seria, por ejemplo, una aplicación en caso de emergencia.

Al final del Nivel 2 y el comienzo del Nivel 3 las habilidades marciales estarán logradas con un cierto alcance.
La siguiente secuencia trata de las habilidades en artes marciales, lo que se debe establecer a mitad de camino del Nivel 2. Esto será descrito separadamente en los siguientes niveles.

*Entrenamiento de Empuje de Manos (Tui Shou) y la
práctica de Taijiquan (formas) no puede ser separado
entre ellos. Atajos y simplificaciones que nos hayamos
permitido durante las prácticas aparecerán como un
punto débil en Empuje de Manos. Esto permitirá al
oponente el tomar ventaja de nosotros. Aun así debemos
tomar en cuenta otra vez que durante nuestro
entrenamiento que cada parte de nuestro cuerpo esté
entrelazada y coordinada con otra. Movimientos
innecesarios no deben ser realizados.*

*Durante Empuje de Manos "peng" (repeler), "lu"
(evitar), "ji" (presionar) y "an" (empujar) deben ser
ejecutadas con un grado de precisión para que la mitad
superior e inferior del cuerpo trabajen en armonía. De
esta manera será muy difícil para nuestro oponente
atacarnos.*

Esto es interesante y solo practicantes avanzados pueden
realmente entender que es lo que significa; concretamente,
cuando un cuerpo está cerrado y coordinado consigo
mismo, y se mueve como un todo, es muy difícil atacarlo.
Comparando dos personas que mantienen la misma
posición y uno de ellos está entrenado en el principio del
Taiji, este estará en mucho mejor posición para un ataque
que quien no tiene esta habilidad.

La pregunta es por qué un cuerpo cerrado en sí mismo
es tan difícil de atacar, incluso si externamente se ve igual
que el de un lego cuyo cuerpo no está cerrado en sí
mismo. Si uno seriamente pondera la pregunta se vuelve
claro que esta superioridad no tiene nada que ver con la
habilidad de alguien, por ejemplo, para evadir muy bien o
cubrirse defensivamente. Esto es porque esta superioridad
viene de las habilidades marciales internas, de los

principios internos. Esto significa: usa la energía interna y no la energía externa. Usa tu conciencia no la fuerza bruta. El Cuerpo/Mente se vuelve aparentemente un estado superior, que el oponente agarra de manera intuitiva, aunque, él tiene la sensación que no existe una apertura para su ataque porque no hay una apertura para él.

El proverbio dice: "Sea cual sea la cantidad de fuerza que es ejercida, yo movilizo cuatro onzas para desviar 1000 libras".

Sin esta base de cuerpo y mente esto es imposible de implementar seriamente.

El Nivel 2 de Taiji - Gong Fu aspira por la corrección independiente de cada movimiento a lograr el fluir continuo y suave del Qi en nuestro cuerpo. Aún más, pretende llegar a un estado donde el Qi dentro del cuerpo permee cada articulación en la medida que es requerida por cada secuencia.

Esto es una demanda aún mayor. Técnicas de llaves sobre articulaciones que son realizadas en nosotros pierden efectividad si somos exitosos en penetrar nuestras articulaciones y capaces de mantener esta conexión durante el ataque. Eso no significa que yo resista. Simplemente no hay nada sobre lo cual hacer palanca porque no hay punto de dolor que pueda ser alcanzado y la substancia es tan fuerte y flexible que no se fracturará.

Este proceso de ajustar cada movimiento envuelve necesariamente el uso temporal de movimientos no importantes y no coordinados. Por eso no es aún posible en esta fase aplicar habilidades de artes marciales durante Empuje de Manos de una manera controlada.

Eso significa que aún estamos cometiendo demasiados errores, usando mucho o muy poco esfuerzo, estamos aún haciendo muchos movimientos innecesarios. Aún debemos prestar atención y pasar tiempo ajustando nuestro cuerpo de manera correcta. Debido a eso es fácil desperdiciar un ataque y difícil "oponernos" seriamente a un ataque.

Por lo tanto aún no somos capaces de exitosamente mantener la fuerza de un oponente lejos del centro. Un poco de sobra o un poco menos y el oponente alcanza mi centro.

Mientras estemos gobernados por nuestra voluntad los movimientos no fluirán naturalmente. Si aún soy hiperactivo, realizo demasiados movimientos superfluos.

El oponente se enfocará en nuestros puntos débiles. El se centrará en vencer al aprendiz explotando el error o sobre esfuerzo, colapsando, cayendo o por la confrontación directa de fuerzas.

Estos atajos pueden ser explotados por el otro.

Durante el Empuje de Manos el oponente que avanza no dará tiempo al aprendiz para corregir su movimiento de manera completa. El oponente explotará las debilidades del aprendiz para atacar y sacarlo de balance o lo obligará a retroceder en orden a evitar que la fuerza continúe sobre él. Si el oponente ataca con menos fuerza o suavemente y en conjunto se mueve lentamente el aprendiz tendrá tiempo de reajustar su cuerpo.

Este tipo de acción lenta y suave es, de cualquier forma, solo posible en una situación amistosa. En circunstancias de la vida real no puedo asumir que el oponente se moverá tan lento y suave como para que yo pueda con él. En situaciones controladas en donde te encuentres con amigos y experimentes, puedes desarrollar cierto nivel, el cual, eso si, no te permitirá sostener una presión más demandante.

Luego una vez más:

Si el oponente ataca con menos fuerza o suavemente y en conjunto se mueve lentamente el aprendiz tendrá tiempo de reajustar su cuerpo. De esta manera él tenga quizás la manera de lidiar con el ataque de una manera más satisfactoria. En términos de la discusión anterior, no es posible en el Nivel 2 de Taiji - Gong Fu el realizar un ataque o una defensa sin un gran esfuerzo. En este Nivel es generalmente una ventaja ser el primero en empezar un ataque. La persona forzada a reaccionar estará en una posición menos favorable.

La conocida frase "la mejor defensa es el ataque" es muy adecuada para el Nivel 1 y para gran parte del Nivel 2. Sin embargo, no se aplicará a los niveles siguientes donde el ser un atacante se vuelve automáticamente una desventaja.

En este Nivel uno no es capaz aún de "olvidarse de uno mismo" o igualar los movimientos del oponente. No hay una ventaja que pueda ser obtenida de los movimientos del otro, así como uno no es capaz de adaptarse a los cambios y seguirlos.

Uno no puede tomar ventaja de los ataques del oponente,

y aún es difícil el lidiar exitosamente con un ataque. Por lo tanto es mejor que tú ataques durante los dos primeros niveles.

Mientras uno es capaz de esquivar o repeler un ataque, uno seguirá cometiendo errores fácilmente, así como caerse o colapsar, fatigarse excesivamente o resistirse a la fuerza.

Por todas estas razones, el estudiante no es capaz de actuar durante el Empuje de Manos de acuerdo a los principios de "peng", "lu", "ji" y "an". En esta etapa una persona está caracterizada por un 20 por ciento Yin y 80 por ciento Yang. Esto es descrito como "una nueva e indisciplinada mano".

"Una nueva e indisciplinada mano". Algunas cosas ya han cambiado, uno ya puede hacer algunas cosas. Pero la habilidad no es aún suficiente para controlar la situación en una pelea. Por eso la mano es "nueva" pero "indisciplinada".

Gran Maestro Chen Xiaowang

NIVEL 3 DE TAIJIQUAN

TEXTO CHINO ORIGINAL

第三层功夫

"要想拳练好,必把圈练小"。练习陈式太极拳的步骤, 即由大圈到中圈, 由中圈到小圈, 由小圈而无圈。所谓"圈"并非指手脚运行的轨迹, 而指内气疏通。第三层功夫是由大圈而至中圈的阶段。

拳论中说"意气君来骨肉臣", 即练习太极拳时要着重用意。在第一层功夫中, 思想注意力主要集中在学习和掌握太极拳的外形姿势, 第二层功夫时注意力主要是发现运动中身手内外产生的矛盾, 调整身法, 达到内气贯通。进入第三层功夫, 已经疏通了内气, 要求用意不用力, 动作轻而不浮, 沉而不僵, 即外柔内刚, 柔中寓刚, 周身相随, 禁忌妄动。但不可只顾想气在体内如何运行, 而忽视动作, 否则, 就会产生神态呆滞, 致使气不仅不能畅通, 反而会造成气势涣散的病象。所以说"在神不在气, 在气则滞"。

在第一层和第二层功夫中, 虽已掌握了外形动作, 但内外尚未合一。有时应该吸气, 由于动作僵滞, 吸不满; 应该呼气, 由于内外不合, 呼不净。所以, 练拳时要求自然呼吸。而进入第三层功夫, 动作比较协调, 内外基本上合一, 一般的动作与呼吸能自然准确地配合, 但对一些比较细致、复杂、疾速的动作, 还需有意识地注意与呼吸的配合, 进一步使动作与呼吸协调一致, 逐步达到顺其自然。

第三层功夫基本掌握了陈式太极拳内外要求和运动规律, 有了自我纠正的能力, 动作比较自如, 内气比较充足。这时需进一步了解拳势的技击含义和使用方法, 要多练推手, 检验拳架、内劲和发劲, 以及化劲的质量。如拳架能适应对抗性的推手, 则证明掌握了拳架要领, 进一步下功夫就会更加充满信心。这时可加大运动量, 增加一些辅助练习, 如抖大杆子, 以及刀、枪、剑、棍等器械和单势发劲, 这样练习两年时间, 一般即可进入第四层功夫。

第三层功夫虽然内气贯通, 动作比较协调, 在不受外界干扰, 自己练习的情况下, 内外也能够合一, 但内气还是比较薄弱, 肌肉的活动与内脏器官之间建立的协调关系还不够稳固。因此, 在对抗性推手和技击时, 遇到一般比较轻缓的进攻能够舍己从人, 随机应变, 因势利导, 引进落空, 避实击虚, 运化自如。而一遇劲敌, 就会感到掤劲不足, 有欲将身法压扁之意 (有可能要破坏不倚不偏、八面支撑、立于不败之地的身法), 尚不能随心所欲, 亦不能如拳论中所说的那样"出手不见手, 见手不能走"。引进和发出对方, 也往往生硬和勉强。所以说:"三阴七阳犹觉硬"。

TRADUCCIÓN

"Si tus habilidades de boxeo deben obtener calidad, debes aprender a hacer círculos pequeños".

Cada paso en la práctica del Taijiquan incluye progresar transformando círculos grandes en medianos y de ahí en pequeños círculos. El término "círculos" en este aspecto no describe cada paso en los movimientos del cuerpo, pero si el flujo de la energía interna, Qi. En este sentido, en el Nivel 3 uno debería comenzar con círculos grandes y concluir con círculos medianos (la circulación de energía).

Los textos clásicos de Taijiquan dicen que Yi, la conciencia, y Qi merecen mayor observación que las formas. Esto significa que mientras practicamos las formas deberíamos prestar mayor atención sobre la conciencia. Durante el Nivel 1, la conciencia está enfocada en aprender y dominar las secuencias externas del Taijiquan.

Durante el Nivel 2 la conciencia está enfocada principalmente en revelar los bloqueos e inconsistencias de movimientos internos y externos de cada sección del cuerpo. Uno debe ajustar el cuerpo a las secuencias de la forma y viceversa en orden a crear un flujo libre de energía.

Para el tiempo en que entremos al Nivel 3 de Taiji-Gong Fu, deberemos ser capaces de crear este flujo de energía. El objetivo es la verdadera conciencia y no la fuerza bruta. Los movimientos deberían ser fáciles sin ser "mullidos", pesados sin ser cansadores.

Esto significa que los movimientos aparecen suaves, pero siendo fuertes por su energía interna. Una gran fuerza ha sido creada dentro de los movimientos. El cuerpo en su totalidad debe ser muy coordinado en el interior y no deberían existir más movimientos incorrectos.

Uno no debería dedicar atención exclusivamente al flujo interno de energía abandonando los movimientos externos, pues esto puede terminar en confusión y el flujo de energía interna se repliega y perturba, puede incluso disolverse. Es por eso este texto clásico: "La conciencia debe estar focalizada en el espíritu y no solo en el Qi". Si nosotros nos concentramos mucho en Qi, el estancamiento será el resultado. Durante el Nivel 1 y Nivel 2 del Taiji-Gong Fu uno ha dominado secuencias externas de la forma, pero no la coordinación entre movimientos externos e internos. Algunas veces la rigidez o el estancamiento en nuestros movimientos harán imposible inhalar completamente. De la misma manera no será posible exhalar o respirar completamente sin una apropiada coordinación entre movimientos internos y externos. Mientras se practica la forma uno debería respirar de una manera enteramente natural. Al comienzo del Nivel 3 hemos alcanzado una mejor coordinación, de cualquier forma, entre movimientos internos y externos. Generalmente somos capaces de sincronizarlos de manera muy precisa con la respiración.

Sincronización consciente entre movimientos y respiración es importante para realizar movimientos más refinados, complicados y rápidos de manera apropiada. Esto es necesario en orden a alcanzar naturalidad de manera gradual, sincronizando respiración y movimiento en un continuo progreso. El Nivel 3 de Taiji-Gong Fu principalmente trata el dominar los requerimientos internos y externos del Taijiquan Chen así como con el ritmo de ejercicios individuales. Además el estudiante aquí alcanza la opción de corregirse a sí mismo. Aprende a realizar movimientos con aún más simplicidad y generar un incremento en energía interna. En este punto un entendimiento más profundo de los contenidos marciales se hace necesario, particularmente en relación a las aplicaciones de los elementos de la forma. Por eso uno debería practicar Empuje de Manos, revisar los elementos de esta y aprender la descarga y la disolución de energía. Cuando la forma ha llegado a una calidad que le permite soportar un empujón frontal, uno debe haber dominado aspectos elementales. En este punto el estudiante gana más y más confianza si se mantiene practicando duro. Esto usualmente resulta en un incremento espontáneo en el número de formas practicadas por día, y los ejercicios se vuelven más refinados. Por ejemplo el uso de vara de 3 metros, espada, sable, alabarda o aprendiendo sobre fuerza explosiva (fajin).

Entrenando de manera fuerte como es descrito por más de dos años llegar al Nivel 4 de Taiji-Gong Fu se vuelve cercano. En el Nivel 3 cada movimiento es más coordinado y la energía interna fluye con mucha menor fricción, pero aún es algo débil y la coordinación entre movimiento y el funcionamiento de los órganos internos no está completamente lograda. Practicando solo, sin ser distraído, uno debería ser capaz de lograr la coordinación interna y externa. Confrontado con un golpe o durante un combate, es muy posible mantener el ritmo ante las acciones de un atacante y su efecto, independiente de si la fuerza no es suave y lenta. El estudiante debería usar cualquier oportunidad para traer al asaltante a una situación desfavorable. El deberá evitar una confrontación desde un movimiento fuerte del atacante pero contra atacar si es que existe un punto débil. Es recomendable controlar esto poco a poco.

Estar en este nivel y encontrar un oponente que es más fuerte puede causar al aprendiz encontrar que su fuerza "peng" de defensa, es aún insuficiente. Se siente que nuestra posición es presionada o está colapsando. La postura no está como debería: permanentemente centrada e invisible debido a su redondez. En esta situación no podemos maniobrar nuestro cuerpo en la manera que queremos. El estudiante no tiene todavía a la mano el principio descrito en los textos clásicos: "impacta con tus manos sin permitir a ellos que lo vean. Una vez que se vuelve visible, no hay nada que pueda hacerse sobre eso."

Descolocar o dejar pasar aún requiere mucho esfuerzo. El cuerpo aún está rígido. Esta condición se describe como 30 por ciento Yin y 70 por ciento Yang, aún lo duro prevalece demasiado.

COMENTARIO

"Si tus habilidades de boxeo deben obtener calidad, debes aprender a hacer círculos pequeños".

Cada paso en la práctica del Taijiquan incluye progresar transformando círculos grandes en medianos y de ahí en pequeños círculos. El término "círculos" en este aspecto no describe cada paso en los movimientos del cuerpo, pero si el flujo de la energía interna, Qi.

Los círculos se vuelven más pequeños, no externamente en las posturas como "Látigo Simple" o "Grulla Blanca", si en los movimientos internos, los círculos y espirales se vuelven más pequeños. La energía se condensa más y más y se vuelve más sutil. Las trasmisiones se vuelven más cortas y menos complejas.

En este sentido, en el Nivel 3 uno debería comenzar con círculos grandes y concluir con círculos medianos (la circulación de energía).

Esto significa que ahora, al menos, nosotros seriamente comenzamos a examinar la verdadera circulación energética.

Los textos clásicos de Taijiquan dicen que Yi, la conciencia, y Qi merecen mayor observación que las formas. Esto significa que mientras practicamos las formas deberíamos prestar mayor atención sobre la conciencia.

En el comienzo uno trabaja más externamente y

permanece ocupado en el fluir de las posturas. Con una práctica continua de la forma esto se vuelve más claro, y luego de un tiempo uno no debe pensar más en la secuencia de las posturas.

Una vez que uno no necesita pensar más en la secuencia de la forma, y los errores estructurales básicos de cada movimiento han sido eliminados, uno puede dedicarse al aspecto espiritual de la forma: la guía deliberada de energía, lo que resulta en un movimiento deliberado. En un principio uno mueve y usa este movimiento externo para iniciar una cierta circulación energética o flujo de energía. Una vez que esto es logrado, el proceso puede ser lentamente revertido. Uno ya no mueve desde el exterior al interior, pero si desde lo interno a lo externo. Ahora la conciencia es el comienzo y la raíz más profunda de todo movimiento. Todo la sigue. Por eso está escrito en "Nei San He": "La conciencia guía la energía (interna), la energía (interna) guía al movimiento (externo)". Y otro texto clásico dice : "Yi dao, Qi dao": "Cuando la conciencia ha llegado, la energía (interna) también ha llegado". Esto es porque es de gran importancia en este nivel el entender qué implica la expresión "Yi" y "Qi", porque su calidad es decisiva para lo que sigue.

Durante el Nivel 1, la conciencia está enfocada en aprender y dominar las secuencias externas del Taijiquan.
Durante el Nivel 2 la conciencia está enfocada principalmente en revelar los bloqueos e inconsistencias de movimientos internos y externos de cada sección del cuerpo. Uno debe ajustar el cuerpo a las secuencias de la forma y viceversa en orden a crear un flujo libre de energía.

Para el tiempo en que entremos al Nivel 3 del Taiji-Gong Fu, deberemos ser capaces de crear este flujo de energía. El objetivo es la verdadera conciencia y no la fuerza bruta.

Ahora la calidad espiritual se vuelve más importante.

El objetivo es la verdadera conciencia y no la fuerza bruta. Los movimientos deberían ser fáciles sin ser "mullidos", pesados sin ser cansadores.
Esto significa que los movimientos aparecen suaves, pero siendo fuertes por su energía interna. Una gran fuerza ha sido creada dentro de los movimientos. El cuerpo en su totalidad debe ser muy coordinado en el interior y no deberían existir más movimientos incorrectos.

Esto significa que ahora solo los auténticos movimientos deben estar ocurriendo. Todos los errores que han sido mencionados previamente ya no deben aparecer. Si, de alguna forma, se continúa con estos "movimientos impropios" inevitablemente se fallará en niveles superiores porque los movimientos no muestran la suficiente eficiencia.

Uno no debería dedicar atención exclusivamente al flujo interno de energía abandonando los movimientos externos, pues esto puede terminar en confusión y el flujo de energía interna se repliega y perturba, puede incluso disolverse. Es por eso este texto clásico: "La conciencia debe estar focalizada en el espíritu y no solo en el Qi". Si nosotros nos concentramos mucho en Qi, el estancamiento será el resultado.

Para muchos no está claro por qué no deben concentrarse

tanto en el Qi. Una y otra vez debemos pensar en las hebras de seda que se dividen y unen una entre ellas fácilmente, porque ellas representan una sutil guía de energía. El Gran Maestro Chen Xiaowang siempre dice: "Mitad piensa, mitad no piensa – mitad piensa, mitad siente". Aquí tenemos el mensaje con el cual ya nos hemos familiarizado desde el Nivel 1: No intentemos nada muy tenazmente, el aprender toma tiempo, no fuerces nada. Pero hay aún un mensaje más profundo. Después del término de la etapa en que entendimos que la conciencia guía la energía a través del cuerpo e inicia el movimiento a través de la conciencia plena, el proceso comienza donde la conciencia surge desde dentro del movimiento, inmerso dentro de él.

Lo mismo ocurre para la contemplación, la contemplación simplificada como una realización del espíritu. La contemplación ciertamente guía al movimiento, pero no se queda fija ahí. Guía el movimiento, pero al mismo tiempo emerge en él. O desde el otro lado, la contemplación fluye con el movimiento, independiente de simultáneamente guiarla. Asimismo, para la conciencia: guía la energía, pero al mismo tiempo surge desde ahí. Esto nos previene de concentrarnos mucho en el mismo Qi. Una concentración muy intensa crea tensión. Esto interfiere con el flujo y la energía se bloquea y estanca. "Yi dao, Qi dao" significa que cuando la conciencia llega, la energía también lo hace. Por consiguiente la conciencia guía la energía o la energía sigue la conciencia. Incluso en alto nivel ambos ocurren simultáneamente. Si, de alguna manera, la conciencia se concentra mucho en el Qi mismo, no habrá progreso. Ambos, conciencia y Qi, se mantienen en el mismo lugar y se produce un estancamiento.

Esta es la razón porque la conciencia no debe concentrarse mucho en el Qi. Para ser exactos, la conciencia no debe estar en un lugar. Debe estar fluyendo siempre, de otra manera se fijará y no podrá ya adaptarse espontáneamente a una situación de cambio. Si el cuerpo está libre de bloqueos y conectado en sí mismo la energía puede libremente seguir a la conciencia plena. Así la conciencia plena apunta al espíritu. El espíritu se mueve libremente y la energía está presente sin excepción.

Durante el Nivel 1 y Nivel 2 de Taiji-Gong Fu uno ha dominado secuencias externas de la forma, pero no la coordinación entre movimientos externos e internos.

En esta etapa de Nivel 3 tenemos movimiento interno y externo. En el comienzo solo tenemos movimiento externo. Luego creamos movimiento externo e interno. Ahora hay una nueva demanda, el coordinar ambos movimientos. Previamente era solo la coordinación de la cadera y el hombro, así como piernas, cadera y brazos.

Luego repentinamente hay un nuevo atributo, conocido como movimiento interno, el cual no teníamos antes, o que al menos, no estábamos preocupados por él. Ahora tenemos algo nuevo que coordinar, movimientos internos y externos. Un aspecto de esto está descrito en "Nei San He" con "Qi Yu Li He": Energía interna y externa conectada, y la energía interna inicia la fuerza externa.

Algunas veces la rigidez o estancamiento en nuestros movimientos harán imposible inhalar completamente. De la misma manera no será posible exhalar o respirar completamente sin una apropiada coordinación entre movimientos internos y externos. Mientras se practica la forma uno debería respirar de una manera enteramente natural.

Especialmente en el estilo Chen decimos en relación a la pregunta sobre la respiración: "Olvídate de la respiración, especialmente porque es muy importante, olvídate de ella". La respiración es regulada a través de la estructura del cuerpo. Si estoy en una mala postura, no puedo realizar una respiración abdominal y si estoy posicionado en una estructura correcta la respiración fluirá profundamente por sí sola. Decimos: no te concentres en la respiración porque eso lleva a un estancamiento. De cualquier manera, ahora hemos llegado a cierto nivel de naturalidad y conseguido un nivel de Gong Fu. Se vuelve interesante el prestar atención a la respiración. Si esto es intentado en un nivel temprano llevará al estancamiento. Porque si tratas de coordinar la respiración con el movimiento pero no eres capaz de realizar el movimiento de manera adecuada, la respiración no se ajustará. Puedo llevar a una respiración corta o una limitación en el flujo de esta. Si yo artificialmente coordino movimiento y respiración usando mi voluntad a nivel del mar y me siento bien con eso y de repente practico lo mismo a una altitud de 3.000 metros todo colapsará. Esto ocurre porque el oxigeno presente en el aire decrece significativamente a esa altitud, luego, repentinamente la coordinación ya no funciona porque la respiración es artificial, no natural. La misma respiración en la misma secuencia de movimientos, pero ahora en un aire mucho más delgado, no tenemos suficiente oxigeno. Igualmente el cuerpo en algunas ocasiones necesita más o menos ciclos de respiración para un movimiento, dependerá del día y la constitución del cuerpo. Un constante equilibrio entre respiración y movimiento no hace esto. Estos ejemplos están para mostrar cuan limitado es el armonizar respiración y movimiento de manera artificial por nuestra propia e inadecuada imaginación, si es que el contexto no encaja. Por esto hace sentido por un largo tiempo dejar que la respiración ocurra de manera natural de acuerdo al lema: "El cuerpo toma lo que necesita". A través de mejorar el movimiento es posible que la respiración se ajuste en sí misma de manera natural al movimiento. A una mejor postura, entre más relajado esté, la respiración más profundo puede llegar. Después de cierto nivel, específicamente Nivel 3, se vuelve interesante el trabajar de manera consciente con la respiración, para involucrar a la respiración. En este punto, por supuesto, habremos en general, desarrollado nuestra respiración de una manera natural. Esto se debe a lo anteriormente dicho, la conexión entre una correcta postura y una correcta respiración. Solo en ciertas porciones de movimientos complejos un fino ajuste en la respiración se hará necesario.

Al comienzo del Nivel 3 hemos alcanzado una mejor coordinación, de cualquier forma, entre movimientos internos y externos. Generalmente somos capaces de sincronizarlos de manera muy precisa con la respiración.

Aquí está escrito como los movimientos pueden ser coordinados muy bien con la respiración. En este punto no dice que ya tengamos que estarlo haciendo.

Esto describe un proceso natural. Cuando llegamos al punto de ser capaz de guiar la respiración conscientemente, se vuelve superfluo, excepto por unos pocos detalles que mencionaremos a continuación.

(Ahora en Nivel 3) Sincronización consciente entre movimientos y respiración es importante para realizar movimientos más refinados, complicados y rápidos de manera apropiada. Esto es necesario en orden a alcanzar naturalidad de manera gradual, sincronizando respiración y movimiento en un continuo progreso.

Esto se refiere a un proceso activo, el ser capaz de ejecutar también algunos movimientos sutiles, más complejos y rápidos. Esto significa: en general la respiración se ajusta al movimiento y el movimiento a la respiración. Esto ocurre de manera natural. Corregimos la respiración corrigiendo el cuerpo. Por eso Gran Maestro Chen Xiaowang dice: "mala posición del cuerpo y correcta respiración = dos errores, porque la respiración no va con la posición del cuerpo. Mala posición del cuerpo y mala respiración = solo un error, porque al menos ahora la respiración calza con la mala posición".

Si yo estoy tenso y/o inclinado, y trato de inhalar profundo a mi vientre, realmente no funciona porque estoy tenso y forzándome a algo que no puede ocurrir. Sin embargo, si solo estoy tenso y levemente inclinado, pero inhalo poco profundo en mi pecho, se ajusta perfectamente a mi posición corporal. Luego estoy cometiendo solo un error.

Cuando estoy posicionado correctamente, la respiración naturalmente fluye de manera profunda porque ahora hay espacio disponible para que así ocurra. La respiración ahora tiene la oportunidad de fluir profundamente y seguirá su propia naturaleza.

Por supuesto que a un mayor nivel hay ciertos movimientos, como por ejemplo, en la forma Xinjia[7] , que

---

[7]"Xinjia" significa "nueva estructura". Describe una variación de la forma que usa

son muy sutiles y en espiral.

En el Nivel 3 puede ser útil el sentir conscientemente la sincronización entre el movimiento y la respiración para poder coordinarlo. Esto incluye, entre otros, movimientos explosivos. Una vez que han sido dominados, nuevamente uno permite a los movimientos y la respiración intentar la sincronización por su cuenta para que se vuelva natural. Es importante entender que yo solo puedo reconocer grados de naturalidad cuando me encuentro a mí mismo en ella. Antes que lo haga ya lo conozco. Por lo tanto solo puedo llegar a un estado en donde la naturaleza fluye en mí. Yo no puedo crear naturalidad. A continuación dice:

Esto es necesario en orden a alcanzar naturalidad de manera gradual, sincronizando respiración y movimiento en un continuo progreso.

Yo debo comprender cuando es mejor interferir activamente y cuando es mejor no hacerlo. Aquí es donde reconocemos el concepto de "Wu Wei"[8] .

Nivel 3 de Taiji-Gong Fu principalmente trata sobre dominar los requerimientos internos y externos del Taijiquan Chen así como con el ritmo de ejercicios individuales. Además el estudiante aquí alcanza la opción de corregirse a sí mismo. El aprende a realizar movimientos con aún más simplicidad y generar un incremento en energía interna.

---

movimientos aun más complejos y más espirales que la variación original de la "estructura antigua" o "Laojia".

[8]"Wu Wei", "no acción", descrito como un concepto daoísta de no interferencia en un proceso interno o un evento externo. También está relacionado con un concepto más profundo de acción espontánea.

Esta auto corrección está implicada al final del Nivel 2, durante el Nivel 3 es aprendida y en el Nivel 4 uno la ha dominado.

En este punto un entendimiento más profundo de los contenidos marciales se hace necesario, particularmente en relación a las aplicaciones a los elementos de la forma. Por eso uno debería practicar Empuje de Manos, revisar los elementos de esta y aprender la descarga y la disolución de energía.

La disolución de energía se refiere a disolver la energía del oponente.

Cuando la forma ha llegado a una calidad que le permite soportar un empujón frontal, uno debe haber dominado aspectos elementales.

Ahora tengo la capacidad de resistir incluso esas fuerzas grandes y agresivas.

En este punto el estudiante gana más y más confianza si se mantiene practicando duro. Esto usualmente resulta en un incremento espontáneo en el número de formas practicadas por día, y los ejercicios se vuelven más refinados. Por ejemplo el uso de vara de 3 metros, espada, sable, alabarda o aprendiendo sobre fuerza explosiva (fajin).

Nuevamente debo enfatizar que esto es una forma tradicional de ver el entrenamiento. Aquí, el sable es solo sumado al programa cuando la mayoría de nosotros nos hemos movido a otras cosas. Como se mencionó previamente, debemos tener en cuenta que cuando la relación profesor - estudiante es 1:1, cuando viven juntos y de la mañana a la tarde no hacen nada más que practicar, uno puede llegar a Nivel 3 tras cerca de 7 años. Para nosotros como simples mortales, solo diré que podría ser el caso luego de 35 años. Por lo tanto estamos autorizados a comenzar la práctica de espada solo luego de unos meses. Gran Maestro Chen Xiaowang siempre dice: "Primero el profesor sigue al alumno, luego el estudiante sigue al profesor". En un principio el estudiante no comprende todo lo que está haciendo, pero tiene algunas ideas preconcebidas. Y para ayudarlo el profesor va a encontrarlo a mitad de camino y lo deja ser. Por dentro el profesor sabe que el alumno no progresará aprendiendo muchas cosas diferentes. Pero le entrega alegría y lo mantiene ocupado con el material y finalmente llegará a un punto en donde el verdadero interés se generará. De pronto él entiende de qué se trata y sabe que lo que está haciendo, que es Taijiquan, es lo que realmente quiere hacer. Este es el punto de giro, y ahora el alumno sigue al profesor. Ahora el profesor ya no se aproxima tan gentilmente y lo deja practicar todo tipo de formas. En este momento el trabajo serio, paciente, comienza. Por ejemplo: mantenerse más tiempo en meditación de pie con las respectivas correcciones.

En un comienzo es bueno aproximarse al estudiante y sus ideas y estimular su alegría e interés en el tema, muy similar a practicar Taijiquan con niños pequeños. No les puedes pedir a los niños quedarse en la meditación de pie por una hora de primera. Debes motivarlos, y luego, cuando esta inspiración está presente, y se ha vuelto un hábito, que es el momento cuando el factor entretenimiento se ha reducido, el real, el contenido importante y efectivo debe ser enseñado. Ahora uno está seguro que el estudiante perseverará, antes de esto renunciará.

Entrenando de manera fuerte como es descrito por más de dos años llegar al Nivel 4 de Taiji-Gong Fu se vuelve cercano. En el Nivel 3 cada movimiento es más coordinado y la energía interna fluye con mucha menor fricción, pero aún es algo débil y la coordinación entre movimiento y el funcionamiento de los órganos internos no está completamente lograda. Practicando solo, sin ser distraído, uno debería ser capaz de lograr la coordinación interna y externa.

Aquí hemos llegado a un punto para el cual la familia Chen tiene una tradición descrita, de acuerdo a Chen Xing: "No hagas el menor ruido en el jardín por tres años". Esto significa que uno debe retirarse por un largo tiempo de la vida pública en orden a ser capaz de dedicarse exclusivamente al entrenamiento.

Confrontado con un golpe o durante un combate, es muy posible mantener el ritmo ante las acciones de un atacante y su efecto independiente de si la fuerza no es suave y lenta. El estudiante debería usar cualquier oportunidad para traer al asaltante a una situación desfavorable. El deberá evitar una confrontación desde un movimiento fuerte del atacante pero contra atacar si es que existe un punto débil. Es recomendable controlar esto poco a poco.

Estar en este nivel y encontrar un oponente que es más fuerte puede causar al aprendiz encontrar que su fuerza "peng" de defensa, es aún insuficiente. Se siente que nuestra posición es presionada o está colapsando. La postura no está como debería: permanentemente centrada e invisible debido a su redondez. En esta situación no podemos maniobrar nuestro cuerpo en la manera que queremos. El estudiante no tiene todavía a la mano el principio descrito en los clásicos textos : "impacta con tus manos sin permitir a ellos que lo vean. Una vez que se vuelve visible, y no hay nada que pueda hacerse sobre eso."

Esto describe una habilidad que no tiene relación con la velocidad. No es sobre golpear rápido, golpear tan rápido que el oponente no lo vea. Pero si es sobre una absoluta impotencia del oponente. Lo golpeo y él no puede hacer nada al respecto. Esto es porque no ve ni entiende que estoy haciendo. En el momento en que lo comprende es demasiado tarde. Es una frase con mucho contenido y asume un muy alto nivel.

"Impacta con tus manos sin permitir a ellos que lo vean. Una vez que se vuelve visible, y no hay nada que pueda hacerse sobre eso."

Me aproximo al oponente y él no comprende. El no ve ni puede seguir en ningún nivel y está completamente desorientado. Es una sensación incómoda y de indefensión, de una completa desesperación.

Descolocar o dejar pasar aún requiere mucho esfuerzo. El cuerpo aún está rígido. Esta condición se describe como 30 por ciento Yin y 70 por ciento Yang, aún lo duro prevalece demasiado.

NIVEL 4 DE TAIJIQUAN

TEXTO CHINO ORIGINAL

第四层功夫

第四层功夫是由中圈而至小圈阶段,功夫已显高深造诣,接近成功。对具体练习的方法、动作要领、逐势的技击含意、内气运行,以及注意事项、呼吸与动作的配合等,都已完全握。但练习中还应注意,伸手迈步都需有临敌之意,即假讫周围都是敌人。一招一势,要连绵贯串、周身相随,承上启下皆有中气收放、宰乎其中,练拳时"无人如有人"。真正遇敌交战,要做到胆愈大,心愈细,"有人如无人"。其练习内容(如拳、器械等)与第三层功夫相同,只要坚持不懈,一般三年时间即可进入五层功夫。

第四层功夫在技击方面与第三层功夫差别很大。第三层功夫是化掉对方进攻的力,解除本身的矛盾,使自己主动对方被动,而第四层功夫则可以连化带发。其原因是,内劲已经非常充足,意气换得灵,周身组成的体系比较巩固。因此在推手时,对方的进攻威胁不大,触着即变换身法,很容易地将其来力化掉,表现出随人之动而不断改变方向,不丢不顶,内部调整,处处意在人先,动作小,发劲干脆,落点准,威力大的特点。所以说"四阴六阳类好手"。

TRADUCCIÓN

En el Nivel 4 la progresión de movimientos en espiral medianos a pequeños debe haber sido dominada. Esta es una etapa donde nos acercamos al logro, y este éxito es un alto nivel de Gong Fu. En este momento los métodos efectivos de entrenamiento deben haber sido dominados. Los requerimientos realmente importantes de las formas deben ser comprendidos y estar listos para ser realizados. Uno debe haber entendido todas las aplicaciones y conceptos marciales en relación a los movimientos. El flujo del Qi dentro del cuerpo ha sido "limado". Cada movimiento debe ser armonizado con la respiración. Cada movimiento durante la forma debe estar conectado con la idea de un oponente que ataca. O, uno debe imaginar estar rodeado de una multitud de atacantes. Cada movimiento en las formas debe ser realizado de una manera continua para que cada postura y cada parte del cuerpo esté conectada con las otras en cualquier momento luego el cuerpo se mueva como uno. Los movimientos de la parte superior y parte inferior están relacionados entre sí, luego un flujo continuo de energía existe entre ambos. Este flujo es controlado por la cintura.

Uno debe ejecutar la forma "como si enfrentara a un oponente, pero en realidad no hay nadie ahí". Luego si uno es confrontado por un atacante real estaremos calmados y atentos: "aunque el oponente está enfrente de mí, yo actúo como si no hubiera nadie".

El contenido de entrenamiento de las formas se parece al del Nivel 3. Teóricamente el Nivel 5 de Taiji-Gong Fu puede ser alcanzado desde aquí en otros 3 años.

En las habilidades marciales existe una considerable

105

diferencia entre el Nivel 3 y el Nivel 4. Nivel 3 apunta a disolver la fuerza del oponente y evitar conflictos que emerjan de algún movimiento propio. Esto implica el tomar un rol activo y forzar al oponente a la pasividad. El Nivel 4 no solo permite al estudiante disolver la energía del oponente sino además le entrega la habilidad de dirigir la emisión de energía. Ahora el estudiante tiene suficiente energía interna y es capaz de cambiar y adaptarse a la situación usando energía y conciencia manteniéndose flexible. Dentro del espacio de sus movimientos el cuerpo ahora forma un sistema integrado. Esta es la razón porque el oponente ya no ofrece un mayor reto. Una vez en contacto con su oponente el estudiante no tiene ningún problema en cambiar durante el impacto disolviendo con facilidad la energía que se dirige a él. Al tiempo que se percibe la dirección específica de la fuerza del oponente se vuelve posible seguirla y mantenerse cambiando entonces cualquier acción puede ser contrarrestada. El estudiante es ahora capaz de emitir la apropiada cantidad de fuerza así como reajustarla continuamente por sí mismo. El puede predecir la intensión de oponente mientras actúa precisa y calmadamente ajustando su propia fuerza. Esto le permite golpear al oponente en una forma precisa.

Por consiguiente una persona con estas capacidades es descrita como 40 por ciento Yin y 60 por ciento Yang. Esto indica ser bueno en la práctica del Taijiquan.

COMENTARIO

En el Nivel 4 la progresión de movimientos en espiral medianos a pequeños debe haber sido dominada. Esta es una etapa donde nos acercamos al logro, y este éxito es un alto nivel de Gong Fu. En este momento los métodos efectivos de entrenamiento deben haber sido dominados. Los requerimientos realmente importantes de las formas deben ser comprendidos y estar listos para ser realizados. Uno debe haber entendido todas las aplicaciones y conceptos marciales en relación a los movimientos. El flujo del Qi dentro del cuerpo ha sido "limado". Cada movimiento debe ser armonizado con la respiración. Cada movimiento durante la forma debe estar conectado con la idea de un oponente que ataca.

Cuando practicamos las formas no pensamos en las aplicaciones, nos concentramos en los principios básicos: la dirección del cuerpo, el trabajo de energía interna, en lo esencial.

El Nivel 4 es un nivel en el cual ya he dominado todo esto. En el Nivel 1 me debo concentrar en la secuencia y el ejercicio de la forma. Una vez que lo he internalizado me vuelvo libre para encargarme de los principios de "Wei San He" y "Nei San He". Una vez que lo internalice me vuelvo libre para ahondar en los flujos internos de energía. Una vez que he dominado esto una vez más me vuelvo libre y ahora es "boxeo de sombra". Ahora yo imagino un oponente, no antes. Toma tiempo llegar hasta este punto, todo tiene su nivel. Recordamos el comienzo: "Si no puedes aceptar esto y piensas que puedes tomar un atajo, no tendrás éxito". Esto significa que uno debe ir paso a paso: educación básica – educación media – universidad. No hay atajo porque este es en sí mismo el atajo o la pista para adelantar, no hay otro.

Muchos principiantes son de la opinión que entenderán mejor un movimiento si conocen la aplicación. Algunas veces, aun así, es lo contrario. La aplicación imaginaria se mantiene en la mente de una manera externa, a un nivel superficial. Esto porque la mente no tiene la oportunidad de hundirse a un nivel más profundo. Como el cuerpo sigue a la mente es posible verlo en el cuerpo. El cuerpo tampoco puede llegar a un nivel más profundo. Como una aplicación en este punto casi no tiene efecto, el uso marcial puede ser ignorado. La imaginación puede llevar al cuerpo a tensionarse debido al esfuerzo mental y desorientarse (de acuerdo con la aplicación imaginada). En suma, cada movimiento tiene diferentes aplicaciones. ¿Qué debería hacer la mente? ¿Imaginar una de estas aplicaciones el lunes otra el martes e incluso una tercera el miércoles durante la práctica?

En el Nivel 4 de cualquier forma uno ha alcanzado mayor profundidad. Ahora hace sentido el ocuparse de las aplicaciones, aunque no concretamente o con aplicaciones precisas, pero sí como una estrategia porque una aplicación ocurre de manera espontánea, fuera de la naturaleza de la situación y no viene vía la mente.

Cada movimiento durante la forma debe estar conectado con la idea de un oponente que ataca. O, uno debe imaginar estar rodeado de una multitud de atacantes.

Aquí también podemos limitar nuestras oportunidades espontáneas si debemos restringir nuestro cuerpo/mente como resultado de definir ideas sobre las aplicaciones dentro de las secuencias de la forma. Por lo tanto debemos imaginar a nuestro atacante solo como una sombra y no visualizar el aspecto técnico de la "situación de combate" de una manera muy concreta.

Cada movimiento en las formas debe ser realizado de una manera continua para que cada postura y cada parte del cuerpo esté conectada con las otras en cualquier momento luego el cuerpo se mueve como uno. Los movimientos de la parte superior y parte inferior están relacionados entre sí luego un flujo continuo de energía existe entre ambos. Este flujo es controlado por la cintura.

Y ahora una hermosa frase:

Uno debe ejecutar la forma "como si enfrentara a un oponente, pero en realidad no hay nadie ahí" . Luego si uno es confrontado por un atacante real estaremos calmados y atentos: "aunque el oponente está enfrente de mí, yo actúo como si no hubiera nadie".

Mientras practiquemos la forma yo imagino la proximidad de oponentes. Si alguien está realmente ahí yo actúo como si nadie estuviera presente. Esto es un concepto muy importante para una situación real porque nos asegura una superioridad absoluta. Significa que visualizo un conflicto con un oponente imaginario con una estructura particular en el entrenamiento de las formas. De cualquier manera, en una situación real, yo no puedo considerar a mi oponente como un "luchador". Esto implica, debo deshacerme de esta situación de manera inmediata, debo volver inofensivo a mi oponente inmediatamente. Si respeto a mi oponente como "oponente" podría comenzar una pelea con él. Esto nuevamente implica que le daré espacio a él para desarrollarse. La sentencia: "el oponente no se mueve, yo no me muevo. El oponente se mueve, yo ya lo hice" señala precisamente no darle espacio. Si no hay ataque yo no necesito hacer algo. Si hay un ataque yo detengo la pelea incluso antes de que comience. Esta mentalidad me entrega la calma necesaria y alerta que se necesita en esta situación.

El contenido de entrenamiento de las formas se parece al del Nivel 3. Teóricamente el Nivel 5 de Taiji-Gong Fu puede ser alcanzado desde aquí en otros 3 años.
En las habilidades marciales existe una considerable diferencia entre el Nivel 3 y el Nivel 4. Nivel 3 apunta a disolver la fuerza del oponente y evitando conflictos que emerjan de algún movimiento propio.

"Disolver" no significa el bloquear o evadir la fuerza del oponente. Disolver realmente significa el estancar o deshacer las fuerzas del oponente por medio del contacto para que dejen de ser efectivas. El oponente realiza un movimiento y por contacto la fuerza de ese movimiento que era dirigido a nosotros se disuelve. Es como si condujera hacia una aglomeración de autos y en la medida que me acerco hacia ella esta se disuelve en correspondencia. A través del contacto ciertos momentos de relajación son creados en mí que desbaratan la fuerza recibida. Esto causa que la fuerza se disperse en muchas direcciones y cada una ya no es lo suficientemente fuerte para generar un efecto. Por esto necesitamos la calidad de los círculos medianos a pequeños porque de otra manera yo no podré cambiar lo suficientemente rápido especialmente con un empuje rápido y fuerte. Si los círculos aún son demasiado grandes no ocurre de manera suficientemente espontánea y no en el aquí y ahora de la situación o simplemente "yo llegaré demasiado tarde".

Notamos la importancia de la naturalidad. Porque mi mente es muy tosca y lenta para este proceso debo dejar esta "reacción" a mi intuitiva capacidad de cambio, en el sentido de mi naturaleza interna. Una intervención obligada por la mente puede ser solo un obstáculo.

Esto debe ser dominado en el Nivel 3.

Taijiquan, incluso practicado como un arte marcial, tiene un 95 por ciento que ver conmigo y no con el oponente. Uno nunca falla por el otro, uno falla por uno mismo. Cuando uno no llega a alguna parte con otro, y lo mismo para situaciones sociales, yo construyo más y más tensión en mí mismo. Yo quiero empujar a alguien, pero no soy capaz de hacerlo. Luego me vuelvo más rígido en la medida que lo empujo. Esto no es un error del oponente y yo insisto en crear más y más tensión en mí mismo que no tendrá ningún efecto en el oponente. En nuestra vida social podemos ver el mismo principio. No avanzo con mis argumentos luego empiezo a gritar, pero eso no hace los argumentos mejores.

Lo mismo va para el Taijiquan: no colapso por el otro, colapso por mí mismo, porque pierdo mi centro. En lugar de correr continuamente en contra intento tratar de corregirme a mí mismo manteniéndome centrado incluso si tengo que enfrentar una creciente demanda. Así no necesito gritar, no dejo que mi energía se estanque. Por consiguiente liberando poco a poco puedo repentinamente encontrar caminos a niveles más sutiles en donde puedo fluir a través de mi oponente.

Así es como lo suave derrota lo duro.

Debo trabajar duro durante la práctica de formas para ganar la habilidad de disolver estos obstáculos. Por eso el Empuje de Manos es un buen test para mostrar en qué me debo desarrollar. Es más experimentación, pero no el primer medio en donde debo aprender esta habilidad.

El Nivel 3 apunta a disolver la fuerza del oponente y evitar conflictos que emerjan de algún movimiento propio. Esto implica el tomar un rol activo y forzar al oponente a la pasividad.

En cualquier lugar que soy tocado, la acción de otros se disuelve. Nada queda en él, no puede hacer nada. El resbala en la pasividad y soy activamente capaz de controlarlo.

El Nivel 4 no solo permite al estudiante disolver la energía del oponente sino además le entrega la habilidad de dirigir la emisión de energía. Ahora el estudiante tiene suficiente energía interna y es capaz de cambiar y adaptarse a la situación usando energía y conciencia manteniéndose flexible. Dentro del espacio de sus movimientos el cuerpo ahora forma un sistema integrado. Esta es la razón porque el oponente ya no ofrece un mayor reto. Una vez en contacto con su oponente el estudiante no tiene ningún problema en cambiar durante el impacto, disolviendo de esta forma con facilidad la energía que se dirige a él. Al tiempo que se percibe la dirección específica de la fuerza del oponente se vuelve posible seguirla y mantenerse cambiando entonces cualquier acción puede ser contrarrestada. El estudiante es ahora capaz de emitir la apropiada cantidad de fuerza así como reajustarla continuamente por sí mismo.

NIVEL 4 DE TAIJIQUAN

Esto es importante: se es capaz de descargar la cantidad apropiada de fuerza. Todos pueden descargar fuerza incluso sin entrenamiento. Pero aquí estamos hablando de verdadera fuerza, como la llamamos amablemente en Taijiquan. La verdadera energía, la energía correcta, "así como continuamente reajustándose a sí misma". Esto implica el ser capaz de adaptarse a todos los cambios posibles, independiente de que haga o no haga el oponente, debo ser capaz de no perder la estructura o mi centro. Significa que tengo un centro muy estable, pero que al mismo tiempo puedo adaptarme a todas las posibles posiciones externas. Nada externo puede destruir mi centro, incluso si no puedo contra la fuerza, yo aún soy capaz de corregir mi centro nuevamente. Porque me adapto al cambio y la posición, creo nuevos lugares donde la fuerza no puede alcanzarme. El descargar la fuerza "correcta", así como corregirse uno mismo, también implica hacerlo en el momento, la dirección y la calidad correcta.

El puede predecir la intensión del oponente mientras actúa precisa y calmadamente, ajusta su propia fuerza. Esto le permite golpear al oponente en una forma precisa.
Por consiguiente una persona con estas capacidades es descrita como 40 por ciento Yin y 60 por ciento Yang. Esto indica ser bueno en la práctica del Taijiquan.

Gran Maestro Chen Xiaowang

NIVEL 5 DE TAIJIQUAN

TEXTO CHINO ORIGINAL

第五层功夫

第五层功夫是由小圈而至无圈，有形归无迹阶段。拳论中说："一气运来志无停，乾坤正气运鸿蒙，运到有形归无迹，方知玄妙在天工"。第五层功夫期间，动作已经非常活顺，内劲十分充足。但需要精益求精，仍然是费一日之功力，即可得一日之成效，直至身体空灵，变化无端，内有虚实变换，外面看不见，这才是完成了第五层功夫。

在技击方面达到刚柔相济，松活弹抖，周身处处皆太极，一动一静俱浑然。即身体各部位都相当灵敏，周身无处不似手，挨着何处何处击，蓄发相变，八面支撑。所以说："惟有五阴并五阳，阴阳不偏称妙手，妙手一运一太极，太极一运化乌有"。

总之，完成第五层功夫，大脑皮层中兴奋与抑制、肌肉收缩与放松、肌肉的活动与内脏器官的活动已建立了巩固的协调关系，即偶然受到袭击，也不易使这种协调动作受到破坏，而能随机应变。但是还应继续深造，精益求精。

科学发展是永无止境的，太极拳的锻炼也是如此，终身不可尽其妙。

TRADUCCIÓN

El Nivel 5 es el estado donde procedemos desde círculos pequeños a movimientos donde los movimientos circulares ya no son visibles, donde uno procede desde dominar la forma a una ejecución "invisible".

Los textos clásicos del Taijiquan dicen: "Con el suave flujo de energía, con la energía cósmica, nuestro propio Qi se mueve de manera natural. Movido por una sólida forma todo el camino a través de lo invisible. Así uno se da cuenta cuan maravilloso es lo natural". Los movimientos en este momento son flexibles y suaves. Debería haber suficiente energía interna.

Incluso no importa cuán lejos el estudiante haya llegado aún es importante el mantener esforzándose por lo mejor. Es absolutamente necesario el trabajar fuerte día tras día para lograr un cuerpo flexible y adaptable a variados cambios. El cuerpo debe estar preparado para cambiar internamente y distinguir entre lo que es esencial y lo que no. Esto debe ser invisible desde afuera.

Solo entonces el Nivel 5 del Taiji-Gong Fu ha sido alcanzado. En términos de artes marciales lo duro (gang) debe acompañar lo suave (rou). La forma debe ser relajada, dinámica, elástica y vívida. Cada movimiento y cada momento de no emoción es consistente con el principio del Taijiquan. Cada movimiento es lanzado desde todo el cuerpo sin un quiebre. Cada parte del cuerpo debe ser sensible y capaz de actuar inmediatamente cuando sea necesario. Esto debería llegar al grado en que cada parte del cuerpo es capaz de atacar como un puño en contacto con el oponente. La deliberada emisión de poder y la preservación de él debería estar constantemente

117

alternándose. La estructura debe ser firme como si se soportara en ambos lados.

Por eso este nivel es descrito como: "La única persona capaz de jugar con Yin y Yang sin inclinarse por uno de los dos". Una persona que tiene este grado de habilidad es considerada un buen maestro. Un buen maestro hará cualquier movimiento consistente con el principio del Taiji lo que significa que el movimiento (el actual) se vuelve invisible.

Llevar el Nivel 5 de Taiji-Gong Fu a la perfección significa que una fuerte conexión y coordinación entre el espíritu, la contracción y relajación de los músculos, sus movimientos y las funciones de los órganos internos ha sido establecida, uno no puede ser restringido o descarrilado incluso por un sorpresivo y fuerte ataque. Aun así debemos mantenernos flexibles y ágiles.

Incluso cuando hemos llegado a este punto debemos mantenernos entrenando continuamente en orden a alcanzar nuevos niveles aún distantes. La ciencia apunta más allá de los límites que se nos han dado. Así lo hace la ciencia del Taijiquan: una vida completa no es suficiente para darse cuenta en su totalidad de la belleza y del poder del Taijiquan.

COMENTARIO

El Nivel 5 es el estado donde procedemos desde círculos pequeños a movimientos donde los movimientos circulares ya no son visibles.

Mucha gente me pregunta una y otra vez : "Sí, movimientos redondos, ¿pero qué hay sobre movimientos rectos?" Y siempre mi respuesta es que no existe eso de los movimientos rectos, solo hay movimientos circulares mientras hacemos algo que parece un movimiento recto. El énfasis es en lo que "parece" porque los movimientos circulares se vuelven tan pequeños que parecen rectos nuevamente. En el comienzo los círculos son muy grandes y los movimientos muy redondos. Luego los movimientos circulares se vuelven tan pequeños que parecen rectos. Uno puede ver la luz brillando en rayos rectos pero la luz se mueve en ondas. Eso indica que los movimientos son tan sutiles que ya no son visibles y se vuelven rectos otra vez, o ni siquiera emergen como un movimiento. Este es el lado místico del Taijiquan.

"Golpea con tus manos sin permitir a ellos que te vean. Una vez que te has vuelto visible, nada más puede hacerse al respecto".

Ahora realmente hemos llegado a un nivel muy alto de artes marciales, implicando el control de uno mismo y el oponente.

...donde uno procede desde dominar la forma a una ejecución "invisible".

119

Los textos clásicos del Taijiquan dicen: "Con el sueva flujo de energía, con la energía cósmica, nuestro propio Qi se mueve de manera natural."

Ahora de pronto una unión completamente diferente ocurre. Previamente solo nuestros cuerpos, nuestros hombros, el corazón/mente, nuestras energías internas eran mencionados. A un alto nivel uno habla de la coordinación de movimientos internos y externos, para comenzar con, solo la coordinación externa, y luego incluso la coordinación interna y externa. Sorpresivamente otras armonías están ocurriendo, la unión con la "identidad final". Ahora un expansivo, físico y espiritual nivel es alcanzado. Ahora repentinamente hay una unión con la "identidad final". "Con el suave flujo de energía, con la energía cósmica, nuestro propio Qi interno se mueve de manera natural". Esta naturalidad no significa, como muchos creen, "yo soy como soy" o "esa es la forma en que me acomoda" o "esto es simplemente como soy": la naturaleza no tiene nada que ver con la personalidad o nuestro ego, pero bastante con algo que está más profundo detrás de él, una naturalidad general que es inherente de nosotros, el origen último.

"Con el suave flujo de energía, con la energía cósmica, nuestro propio Qi se mueve de manera natural."

No hay más separación entre nosotros y el cosmos: esto es un gran logro.

"Movido por una sólida forma todo el camino a través de lo invisible."

Las formas sólidas están siempre en el aspecto del ser, lo

impermanente. Todo lo que tiene la forma es impermanente. Todo lo que es, es impermanente. Todo lo que no es impermanente, es "no ser". No ser es lo invisible.

"Movido por una sólida forma todo el camino a través de lo invisible."

Técnicamente esto describe la transformación completa de substancia en vacío. La espiritualidad denota el logro de la unión directa de ser y la eternidad, el regreso del Taiji al Wuji.Y así hemos llegado al primer verso del Daodejing de Laozi[9] :

> El Tao llamado Tao
> no es el Tao eterno.
> El nombre que puede ser pronunciado
> no es el nombre eterno.
> Llamo No – Ser al principio del cielo y de la tierra.
> Llamo Ser a la Madre de todos los seres.
> La dirección hacia el No – Ser
> conduce a contemplar la Esencia Maravillosa.
> La dirección hacia el Ser
> conduce a contemplar los límites espaciales.
> Ambos modos son originalmente uno
> y solo difieren en el nombre.
> En su unidad este Uno es el misterio.
> Misterio de los misterios
> y puerta de toda maravilla.
> Traducción Gastón Soublette (1990)

---

[9]"Laozi" ("viejo maestro") es considerado como el autor del Daodejing, el texto esencial del Daoísmo. Daoísmo y su doctrina interna de la energía son los fundamentos filosóficos y energéticos del Taijiquan.

"Con el suave flujo de energía, con la energía cósmica, nuestro propio Qi se mueve de manera natural. Movido por una sólida forma todo el camino a través de lo invisible."

Desde un punto de vista metafísico, esto indica un estado de "Xian Ren", un "inmortal". Este es alguien que ha roto las fronteras entre ser y no ser y por lo tanto ha alcanzado la inmortalidad.

"Y entonces uno se da cuenta cuan maravilloso lo natural es".

En otras tradiciones esto es conocido como "iluminación". Uno reconoce la naturaleza. Uno sabe la naturaleza de las cosas. Uno reconoce la verdad, uno reconoce como las cosas son. Técnicamente uno ha llegado a un estado en el cual el cuerpo, por sí solo, solo por su naturaleza, puede adaptarse completamente y cambiar de acuerdo a la situación. Uno ya no experimenta sino su naturalidad y así se da cuenta de su "belleza" sin un pequeño esfuerzo o intento.

Los movimientos en este momento son flexibles y suaves. Debería haber suficiente energía interna.
Incluso no importa cuán lejos el estudiante haya avanzado aún es importante el mantener esforzándose por lo mejor. Es absolutamente necesario el trabajar fuerte día tras día para lograr un cuerpo flexible y adaptable a variados cambios.

Es importante mencionar al final que no importa cuán lejos uno ha llegado, cuán bueno uno sea, existen ciertas cosas que pueden ser mejoradas. Uno nunca debe abandonar el entrenamiento y nunca debe dejar de buscar lo mejor.

Por eso al Gran Maestro Chen Xiaowang le gusta firmar sus libros con la frase: "Aprender es como nadar contra la corriente, si uno se detiene retrocede".

El cuerpo debe estar preparado para cambiar internamente y distinguir entre que es esencial y que no. Esto debe ser invisible desde afuera.
Solo entonces el Nivel 5 del Taiji-Gong Fu ha sido alcanzado. En términos de artes marciales lo duro (gang) debe acompañar lo suave (rou). La forma debe ser relajada, dinámica, elástica y vívida. Cada movimiento y cada momento de no emoción es consistente con el principio del Taijiquan.

"Cada movimiento y cada momento de no emoción", esto describe un estado en donde solo el espíritu y movimiento existen. No ego, no pensamiento, no voluntad: solo espíritu y movimiento, la terminación de la naturaleza. Espíritu es movimiento, movimiento es espíritu. Ya no hay diferencia. Nada más interfiere. No hay razón para que alguien desde afuera pueda entrar en este espacio porque el atacante tiene distancia entre el espíritu y el movimiento. El espíritu no es puro, el movimiento no está claro.

Hay mucho entre espíritu y movimiento: voluntad, pensamiento, un objetivo… Luego no es posible para el atacante encontrar un espacio, mientras el maestro puede tomar uno de los muchos espacios de su oponente. El atacante no tiene posibilidad.

Cada movimiento es lanzado desde todo el cuerpo sin un quiebre. Cada parte del cuerpo debe ser sensible y capaz de actuar inmediatamente cuando sea necesario. Esto debería llegar al grado en que cada parte del cuerpo es capaz de atacar como un puño en contacto con el oponente. La deliberada emisión de poder y la preservación de él debería estar constantemente alternándose. La estructura debe ser firme como si se soportara en ambos lados.

Porque el maestro puede ahora liberar la fuerza esencial de cada parte de su cuerpo, su cuerpo completo se vuelve lo que llamamos "piel de puño". Esto significa que puede atacar y defender cada parte de su cuerpo con cada parte de su cuerpo, incluso directamente la zona que es confrontada. Para el atacante implica lo siguiente: donde sea que él toma contacto con el maestro él ya perdió. Hay un balance liberando y recolectando energía. El maestro se mueve sin cansarse, sin esfuerzo.

Por eso este nivel es descrito como: "La única persona capaz de jugar con Yin y Yang sin inclinarse por uno de los dos". Una persona que tiene este grado de habilidad es considerada un buen maestro. Un buen maestro hará cualquier movimiento consistente con el principio del Taiji lo que significa que el movimiento (el actual) se vuelve invisible.

En el comienzo somos prejuiciosos. Tenemos una noción de cómo un combate debe verse, y qué técnica debemos ocupar. Tengo una noción sobre qué no puedo hacer aún pero qué aprenderé pronto. No puedo hacerlo pero tengo una noción de cómo debería ser. Luego soy prejuicioso en cuanto a Yin y Yang. Pero aquí, a un alto nivel, en completa naturalidad, doy un paso atrás. Me rindo a la naturaleza y actúo espontáneamente. No hay nadie que pueda tener una noción de cómo las cosas deben ser. Luego existe "la única persona capaz de jugar con Yin y Yang sin ser prejuiciosa con ninguna de las dos".

El movimiento (actual) se ha vuelto invisible. Porque está en completa armonía con el principio del Taiji, lo que significa que ya no hay un movimiento que no es en sí mismo solo fluir. Es la fricción, la angulosidad de un movimiento lo que aparece ante nosotros como un ataque. Esto lo hace "visible". La tensión y agresión en un ataque directo le indica a nuestro sistema nervioso que existe una amenaza, y reaccionamos contra él. La presión crea una contra-presión. Sin presión no hay contra-presión. Por eso estos movimientos aparecen ante nosotros como invisibles. No porque no podamos verlos, sino porque no hay nada en nuestro cuerpo que se active con ellos. No hay nada que reaccione ante ellos. La mente no es capaz de acceder a la situación de manera correcta y tomar medidas. Luego este movimiento completo es "invisible" a nosotros y estamos indefensos y completamente a su merced. Indefensos no solo porque no podemos contra él con ninguno de nuestros movimientos, indefensos también porque no podemos hacer nada en nosotros mismos para reducir su efecto. No podemos usar nuestro escudo interno. No podemos usar nada. Es una situación fatal para nosotros, sin esfuerzo para el maestro.

Llevar el Nivel 5 de Taiji-Gong Fu a la perfección significa que una fuerte conexión y coordinación entre el espíritu, la contracción y relajación de los músculos, sus movimientos y las funciones de los órganos internos ha sido establecida, uno no puede ser restringido o descarrilado incluso por un sorpresivo y fuerte ataque. Aun así debemos mantenernos flexibles y ágiles.

El objetivo de todos los esfuerzos: cualquier problema que se nos revela nos mantenemos "flexibles y ágiles". Los problemas se vuelven desafíos. El problema desaparece solo queda el desafío. El desafío se vuelve acción pura y libre. Porque el cuerpo y espíritu son libres y puros. No hay problema, no hay sufrimiento. La felicidad como resultado.

Incluso cuando hemos llegado a este punto debemos mantenernos entrenando continuamente en orden a alcanzar nuevos niveles aún distantes. La ciencia apunta más allá de los límites que se nos han dado. Así lo hace la ciencia del Taijiquan: una vida completa no es suficiente para darse cuenta en su totalidad de la belleza y del poder del Taijiquan.

El camino se ha vuelto la meta. Sea lo que sea que he logrado, incluso si fue el fin último y mayor: continúo en el camino, camino más y más lejos. Todo se ha vuelto el camino, todo es la meta. El camino es la meta y nunca fue diferente.

Gran Maestro Chen Xiaowang y Maestro Jan Silberstorff

LOS AUTORES

Gran Maestro Chen Xiaowang

Nacido en 1946 en Chenjiagou, China, él es descendiente directo, en 19va Generación, del fundador de la familia Chen de Taijiquan y representante oficial de la tradición del Taijiquan. Gran Maestro Chen Xiaowang, entre otras distinciones es un "Tesoro Nacional" de China. Él realiza seminarios todo el año alrededor del mundo. Gran Maestro Chen Xiaowang es considerado una leyenda viviente. Su preocupación no es solo en el ámbito del Taijiquan sino en la preservación de la auténtica enseñanza. En 1994 junto con Jan Silberstorff funda la WCTA (World Chen Xiaowang Taijiquan Association), la organización de Estilo Chen de Taijiquan más grande del mundo. En la última década se ha vuelto además un maestro líder en caligrafía.

Maestro Jan Silberstorff

Jan Silberstorff (*1967) empezó con 18 años a dedicar su

vida al Taijiquan. En 1989 recibió, como uno de los primeros extranjeros, su licencia oficial para entrenar Taijiquan de la Republica Popular China en 1989, permitiéndolo volverse un profesor de Taijiquan en China. En 1993 se convierte en el primer medallista Occidental en el torneo oficial en Chenjiagou, cuna del Taijiquan. Jan se vuelve el primer alumno "indoor" y discípulo "familiar" del Gran Maestro Chen Xiaowang en 1993 y ahora enseña como 20va Generación de la Familia Chen. Después de ganar más de 25 torneos en todo el mundo, fundaron juntos la Chen Xiaowang World Taijiquan Association con Jan encabezando la zona alemana, la más grande organización de este tipo.

Jan es fluído en el idioma chino, habiendo vivido en China muchos años. En 1998 fue invitado a ser el primer Occidental en presentarse en Singapur en el Evento de Maestros de Wushu, el cual es trasmitido a toda Asia. La Federación Internacional de Wushu de la República Popular China lo galardonó con el grado de duan más alto en la Comunidad Occidental de Taijiquan del Gran Maestro Chen Xiaowang.

En 2006 fundó las asociaciones de WCTA- Brasil y en 2010 WCTA-Chile, además asociaciones en México y Cuba en 2014. En 2009 fundó la organización de caridad WCTAG-hilft e.V que se hace cargo de más de 200 niños desvalidos en Sri Lanka y Brasil y en 2013 "The Institute of Daodejing Studies (IDS). Ese instituto es un proyecto que se dedica a investigar y enseñar el Daodejing y nació de la colaboración de Huizhang Ren Farong, del templo de Louguantai, de la academia de ciencias de Xian y su fundador, Jan Silberstorff.

Jan ha publicado muchos artículos, varios libros, varios DVD y ha producido dos series documentales de

129

televisión sobre el Taijiquan. Actualmente realiza clases en 15 países alrededor del mundo y vive la mayoría del año, retirado, en una isla en Brasil concentrándose en la práctica del Taijiquan.

www.wctag.de
www.wctag-hilft.de
wcta.com.br
www.cxwta.wordpress.com/la-cxwta-chile
www.daodejingstudies.de

www.ingramcontent.com/pod-product-compliance
Lightning Source LLC
LaVergne TN
LVHW011206080426
835508LV00007B/627